Transaktionsanalyse

Jürgen Gündel

Transaktionsanalyse

Was sie kann,
wie sie wirkt und
wem sie hilft.

pal

Die Deutsche Bibliothek - CIP-Einheitsaufnahme

Gündel, Jürgen:
Transaktionsanalyse : was sie kann, wie sie wirkt und wem sie hilft / Jürgen Gündel. - 3. Aufl. - Mannheim : PAL, 1994
(Therapieverfahren unserer Zeit)
ISBN 3-923614-39-X

Herstellung: C. Bockfeld, Neustadt

Inhaltsverzeichnis

An den Leser

In diesem Buch bekommen Sie Informationen über Transaktionsanalyse (TA) in Psychotherapie und Beratung. Sie erfahren, was ein Transaktionsanalytiker darüber denkt, wie die menschliche Psyche funktioniert, wie menschliche Beziehungen funktionieren, wie seelische Probleme der Menschen entstehen, und wie er Menschen bei der Bewältigung ihrer Probleme oder bei ihrer Entwicklung und Selbstentfaltung unterstützt.

Nach einem kurzen Überblick über die TA (Kapitel 2) und über das Menschenbild, das ihr zu Grunde liegt (Kapitel 3), lernen Sie einige grundlegende transaktionsanalytische Konzepte kennen. Ich schildere zunächst die Konzepte als solche und dann unter der Fragestellung: Wenn ein Klient zu mir kommt, was kommt auf ihn zu, womit kann er rechnen (Kapitel 4).

In einem Fallbeispiel stelle ich Ihnen dann einige der grundlegenden TA-Methoden vor (5). Danach zeige ich in groben Zügen, wie eine TA-Therapie einiger verbreiteter Problembereiche, z.B. der Depression, aussehen kann (6).

Kapitel 7 und 8 sollen praktische Fragen über TA-Therapie und Ausbildung beantworten: wo, wie lange, wie teuer.

Natürlich kann bei dem hier zur Verfügung stehenden Raum nur ein Abriß gegeben werden, sodaß mancherorts ein vereinfachtes Bild der TA geboten wird. Ich nehme dieses Risiko auf mich, weil ich für diejenigen verständlich bleiben möchte, für die dieses Buch eine erste Orientierung im Psychotherapiebereich darstellt. Ich möchte aber, daß Sie berücksichtigen, daß die Lektüre dieses Buches

1. eigene Selbsterfahrung und Therapie nicht ersetzt,
2. ein weiterführendes Theoriestudium nicht ersetzt,
3. Sie nicht zur Ausübung von TA-Beratung oder Therapie befähigt. Dafür wäre eine TA-Ausbildung notwendig.

Es gibt in der TA eine Tradition, von der üblichen sexistischen Schreibweise („Der Klient/Der Therapeut") abzuweichen („Der/die KlientIn, er/sie/es"). Diese tüftelige Schreibweise macht mich als Schreiber rasend, eine einfache und nicht sexistische ist dagegen nicht in Sicht. Ich bitte die Leserin um Verzeihung, ich habe mich entschieden, bei der männlichen Schreibweise zu bleiben. Bitte fühlen Sie sich als Frau trotzdem gemeint.

Und nun: Viel Spaß beim Lesen!

Jürgen Gündel

– 1 –
Transaktionsanalyse ist ...

Die von Eric Berne begründete Transaktionsanalyse ist zunächst ein theoretisches System, um Menschen besser zu verstehen. Um dies zu ermöglichen, gibt es 4 große Bereiche der TA:

1. Die Analyse der Ich-Zustände

Sie dient dazu, besser zu verstehen, was innerhalb eines Menschen vor sich geht (wie die menschliche Persönlichkeit aufgebaut ist und wie sie funktioniert). Sie ist eine Persönlichkeitstheorie.

2. Die Analyse von Transaktionen,

um besser zu verstehen, was zwischen zwei Menschen vor sich geht (daher eine Theorie der zwischenmenschlichen Kommunikation).

3. Die Analyse von manipulativen Gefühlsmaschen und „Spielchen",

um besser zu verstehen, was zwischen zwei Menschen vor sich geht, wenn die Dinge schief gehen.

4. Die Analyse des unbewußten Lebensplanes (Skriptanalyse)

um besser zu verstehen, wie Probleme, die Menschen heute haben, ihren Ausgangspunkt in der Kindheit nahmen.

Es geht in der TA jedoch nicht nur um die Analyse der menschlichen Psyche und ihrer Funktionsweise. Vielmehr wurden zu jeder dieser Analyseformen auch Methoden entwickelt, die helfen, gewünschte Veränderungen herbeizuführen.

TA-Konzepte und Methoden können überall eingesetzt werden, wo Menschen sich besser kennenlernen oder etwas an sich oder ihrem Verhalten ändern wollen. In den deutschen und internationalen Organisationen für Transaktionsanalyse finden sich Menschen aus den unterschiedlichsten Berufen: Ärzte, Psychologen, Sozialarbeiter, Management- und Organisationsberater, Lehrer, Pfarrer, Erzieher, Krankenschwestern, Geburtshelfer, u.a.

Sie sind in folgenden Bereichen organisiert:

1. Bereich Psychotherapie (überwiegend psychotherapeutisch tätige Ärzte und Psychologen)
2. Bereich Pädagogik (Lehrer, Erzieher, Erwachsenenbildung u.a.)
3. Bereich Organisation und Management
4. Beratung (z.B. Sozialarbeiter in Suchtberatungsstellen, Pfarrer in Seelsorge u.a.)

Natürlich kann und sollte die TA auch für Sie selbst, ganz privat, von Nutzen sein.

Der Schwerpunkt des vorliegenden Buches liegt auf dem Bereich der psychologischen Beratung und Psychotherapie. Literatur über die anderen Bereiche finden Sie im Anhang.

– 2 –
Das Menschenbild in der TA

Jede Psychotherapieform hat bestimmte Grundannahmen darüber, was der Mensch, was Gesundheit und was Heilung ist. Die wichtigste Grundannahme in der TA lautet:

Menschen sind o.k. ...

Das bedeutet: Jeder Mensch ist im Grunde wertvoll und seine Würde ist zu achten. Jeder hat das Recht, ein glückliches Leben zu führen. Jeder hat die Fähigkeit zu denken und eigene, verantwortliche Entscheidungen über sein Leben zu treffen: Ich bin nicht besser, berechtigter, mehr wert als du, du bist nicht besser, berechtigter, mehr wert als ich.

Am Anfang einer jeden längeren Therapie/Beratung wie auch zu jeder einzelnen Stunde fragt Sie ein Transaktionsanalytiker: „Was möchten Sie heute hier tun? *Was möchten Sie an sich und ihrem Leben verändern?* Welche Rolle soll ich dabei spielen?" Er stellt diese Frage, weil er davon ausgeht, daß Sie im obigen Sinne o.k. sind.

Weil ein Transaktionsanalytiker auch findet, daß er selbst o.k. ist, überprüft er, ob er Sie bei Ihren Zielvorstellungen begleiten kann und will, oder ob er glaubt, daß Ihr Ziel so nicht erreichbar ist, oder daß es mit seinen eigenen moralischen Vorstellungen nicht vereinbar ist usw.

Wenn Sie Ihr Ziel geäußert haben, und der Therapeut zustimmt, haben beide einen wichtigen Schritt in Ihrer TA-Therapie geleistet, ein Therapievertrag wurde vereinbart: „Du sagst, wo Du hin willst, ich als Therapeut sage, ob ich da mitgehe und Dich unterstützen will/kann." Die Methode des Therapievertrages ergibt sich direkt aus der Grundannahme: Menschen sind o.k.

Eine weitere Folge aus der Grundannahme ist, daß Transaktionsanalytiker sich bemühen, eine verständliche Sprache zu finden (nicht eine „wissenschaftliche Geheimsprache"). Wo Fachbegriffe nötig sind, erklären wir sie Ihnen (wie in diesem Buch), sodaß Sie wissen, worüber wir reden. Gewöhnlich halten wir auch nicht lange hinterm Berg, was wir über Sie und das Problem, mit dem Sie gekommen sind, denken: offene Kommunikation halten wir, weil Menschen o.k. sind, für notwendig.

Unsere grundlegenden Konzepte und Beispiele für ihre Anwendung in der Beratung oder Therapie lernen Sie im folgenden kennen.

– 3 –
Die theoretischen Konzepte der TA und ihre Anwendung in der Beratung/Psychotherapie

Die Analyse der Ich-Zustände

Um die Funktionsweise der Psyche besser zu verstehen, wurde das „Funktionsmodell" der Ich-Zustände entwickelt. Ein weiteres Modell, das „Strukturmodell", verdeutlicht den Aufbau, die Struktur der Psyche.

Zunächst zum *Funktionsmodell*. Hier finden wir es sinnvoll, das Verhalten, das wir bei einem Menschen beobachten, und das, was er über sein inneres Erleben (Fühlen, Denken) berichtet, in eine von 5 Kategorien einzuordnen. Diese heißen:

1. Das Fürsorgliche Eltern-Ich (abgekürzt: F-EL)

2. Das Kritische Eltern-Ich (K-EL)

3. Das Erwachsenen-Ich (ER)

4. Das Freie Kind-Ich (F-K)

5. Das Angepaßte Kind-Ich (A-K)

Nach welchen Richtlinien wird diese Einordnung vorgenommen? Hierzu einige Hinweise:

1. Das Fürsorgliche Eltern-Ich (F-El):

Manchmal macht das Verhalten von Menschen einen im weitesten Sinne „elterlichen" Eindruck: Ein Kind ist hingefallen und hat sich das Knie aufgeschlagen. Jemand kommt, nimmt das Kind in den Arm und tröstet es mit weichen, warmen, liebevollen Worten: „Ja, das tut weh, aber gleich wird's wieder besser." Warmes, fürsorgliches, „elterlich" wirkendes Verhalten ordnen wir in diese Kategorie ein.

2. Das Kritische Eltern-Ich (K-El)

Ein anderes Verhalten wäre, das Kind strafend anzuschauen, mit ihm zu schreien, es womöglich zu hauen und zu beschimpfen: „Ich hab' Dir gleich gesagt, du sollst nicht so rumtollen hier, wie oft soll ich Dir noch sagen, daß du folgen sollst." Solches kritisches, kontrollierendes „elterliches" Verhalten nennen wir *„Kritisches Eltern-Ich"*-Verhalten.

„Eltern-Ich"-Verhalten zeigen wir nicht nur gegenüber Kindern, sondern auch gegenüber dem Partner, dem Berufskollegen, und uns selbst gegenüber.

Natürlich finden die meisten von uns fürsorgliches Verhalten angenehmer als kontrollierendes. Ob aber ein Verhalten als gut oder nicht gut zu beurteilen ist, hängt nicht davon ab, ob es fürsorglich oder kritisch ist. Ich kann dem Partner überfürsorglich etwas abnehmen, was er gut alleine tun könnte und würde damit seine eigenen Fähigkeiten abwerten. Hier wäre Fürsorgliches Eltern-Ich einmal negativ zu beurteilen.

Wenn jemand unbedacht auf die Straße rennt und ich schreie ihm nach: „Stop, guck nach rechts und links, bevor du losrennst” bin ich zwar kritisch-kontrollierend, aber ich werte den Betreffenden nicht ab, ja, schütze ihn mit diesem Verhalten sogar. Hier wäre Kritisches Eltern-Ich einmal positiv zu sehen. So haben beide Ich-Zustände gute und schlechte Seiten.

3. Das Erwachsenen-Ich

Manchmal beobachten wir, wie Leute dabei sind zu denken und ein Problem zu lösen. „Wie war noch die Telefonnummer von Ulrike?” „Was muß ich noch für's Wochenende einkaufen?” Welcher Zug beim Schachspiel wäre wohl nun günstig?” Dieses Verhalten (Denken, Problemlösen) ordnen wir in die Kategorie *„Erwachsenen-Ich”* ein.

4. Das Freie Kind-Ich (F-K)

Zu anderen Zeiten benehmen wir uns, wie wenn wir auf nichts, insbesondere nicht auf Autoritätspersonen Rücksicht nehmen müßten: wir tun, was uns Spaß macht, haben jegliche Art von Gefühlen (Wut, Trauer, Liebe, Freude, Angst, sexuelle Gefühle), sind laut, toben herum usw. Transaktionsanalytisch gesprochen: wir sind im *„Freien Kind-Ich”*.

5. Das Angepaßte Kind-Ich

Wieder zu anderen Zeiten sind wir bemüht, herauszufinden, was die anderen von uns erwarten, nehmen ungeprüft ihre kritischen Gedanken und Kontrollabsichten vorweg und passen uns in Verhalten und Erleben an diese an. Z.B. hat mich vielleicht gerade mein Partner verlassen und ich finde: „Ich bin nichts wert und kann keine Beziehung führen". Dabei ziehe ich Kopf und Schultern ein und stehe ganz bedröppelt da. Solches Verhalten wäre als *„Angepaßtes Kind-Ich"*-Verhalten einzuordnen.

Ebenso wie Fürsorgliches und Kritisches Eltern-Ich haben auch Angepaßtes und Freies Kind-Ich positive und negative Seiten, auch wenn es sich für die meisten von uns besser anfühlt, im Freien-Kind-Ich-Zustand zu sein.

Die 5 Ich-Zustände stellen wir in der TA gerne graphisch dar, und zwar wie folgt:

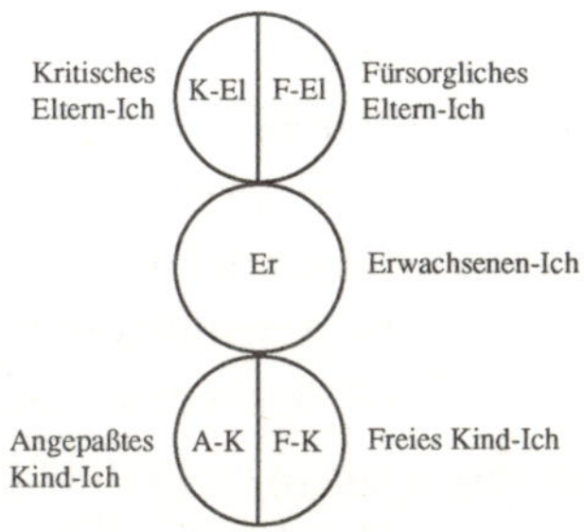

Dieses Modell, das angibt, wie die menschliche Psyche sich nach außen hin darstellt, nennen wir das *„Funktionsmodell der Ich-Zustände"*.

Nun zum Strukturmodell der Ich-Zustände:
Wenn Menschen im weitesten Sinne „elterliches Verhalten" zeigen, so haben sie es häufig direkt von den eigenen Eltern oder Elternfiguren wie Lehrer, Pfarrer, Bundeskanzler usw. übernommen. Ich stelle mir das gerne wie eine Videothek vor: Jegliches Verhalten meiner Eltern ist dort gespeichert. Ich hole ab und zu ein Band heraus und spiele mir wieder vor, was meine Eltern zu mir gesagt und mit mir gemacht haben, als ich klein war. Der Unterschied zur Videothek ist, daß ich selbst in die Rolle meiner Eltern schlüpfen kann und mich so verhalten, so denken und auch so fühlen kann wie meine Eltern sich verhalten, gefühlt und gedacht haben. Allerdings: auch wenn man ein Videoband ansieht, kommt es vor, daß man beim Betrachten in die Rolle eines Darstellers schlüpft und beginnt, sich so zu verhalten, zu fühlen und zu denken wie er. Sind Sie jemals in einem Film mit Arnold Schwarzenegger gewesen? Wenn nicht, tun Sie's mal und beobachten Sie, mit welcher Gangart, welchen Gefühlen, welcher Körperhaltung und welcher Weltsicht Sie aus dem Film rausgehen. So funktioniert das Eltern-Ich.

Ein anderes Beispiel aus meinem Leben. Wenn ich wegen einer Spritze zum Arzt muß und das hinter mich gebracht habe, dann finde ich, ich sollte für meine Tapferkeit belohnt werden. Ich sage gewöhnlich zu mir: „Du warst so tapfer, Du darfst Dir jetzt was wünschen." Damit wiederhole ich ziemlich exakt, was meine Mutter zu mir, als ich klein war, nach Arztbesuchen sagte: „Jetzt darfst Du Dir was wünschen, weil Du so tapfer gewesen bist." Ich zeige damit Eltern-Ich-Verhalten.

Meine Antwort darauf, als ich klein war, war gewöhnlich: „Rote Johannisbeeren" oder „Rhabarber" (Ich habe nämlich saure rote Johannisbeeren und rohen Rhabarber geliebt.). Und heute, nachdem ich beim Arzt war, mag es sein, daß ich mir mit der gleichen Begeisterung wie früher, allerdings heute selbständig, ein Pfund roter Johannisbeeren kaufe. In TA-Sprache: Ich bin im Kind-Ich.

Wenn wir Kind-Ich-Verhalten und Erleben zeigen, verhalten wir uns, erleben und denken oftmals exakt so, wie wir es als Kinder (sagen wir, mit 5 Jahren) getan haben. Deshalb die Benennung „Kind-Ich".

Das Eltern-Ich: häufig ein Wiederdurchspielen von Eltern-Figuren aus der Vergangenheit. Kind-Ich: häufig ein Wiederdurchleben des eigenen Verhaltens usw., als man klein war. Ist unser Verhalten, Fühlen, Denken ausschließlich vergangenheitsbestimmt? Sicher nicht. Diejenige Instanz, die sich mit unserem Leben hier und heute befaßt, und wie wir es bewältigen, ist das Erwachsenen-Ich. Nicht immer, aber oftmals, wenn wir uns der Bewältigung des heutigen Lebens widmen, tun wir es dadurch, daß wir denken und Probleme lösen. Aus diesem Grunde ordnen wir Verhalten, das auf Denken und Problemlösen hinweist, erst einmal als „Erwachsenen-Ich" ein, obwohl wir natürlich auch Gefühle haben können, die sich auf Hier und Heute beziehen.

Wenn wir in der TA die Dinge so darstellen

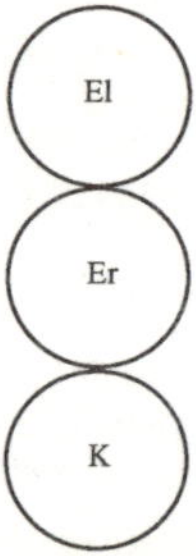

Eltern-Ich: Verhalten, Fühlen, Denken, das von den Eltern in unsere Psyche hereingenommen wurde

Erwachsenen-Ich: Verhalten, Fühlen und Denken, das sich mit der Wirklichkeit Hier und Heute und deren Bewältigung befaßt

Kind-Ich: Verhalten, Fühlen und Denken, das wir aus früheren Lebensphasen übernommen haben

dann befassen wir uns nicht mit der Funktionsweise, sondern mit dem Aufbau der menschlichen Psyche, und wir nennen dieses Modell das *Strukturmodell der menschlichen Psyche*. Strukturmodell und Funktionsmodell sind bei näherem Hinsehen nicht deckungsgleich (eine Erörterung der Unterschiede übersteigt jedoch den Rahmen dieses Buches).

Wie ist das Konzept der Ich-Zustände einem Klienten in der Therapie/Beratung hilfreich?

Wenn im Leben eines Menschen Probleme auftauchen, dann oft deshalb, weil er nicht alle Ich-Zustände (Funktionsmodell) nutzt bzw. in einem oder einigen Ich-Zuständen festgerostet ist, und andere als diese nicht mehr nutzt. Menschen benötigen, um gut leben zu können, alle 5 Ich-Zustände. Als Klient in TA-

Beratung/Psychotherapie lernen Sie herauszufinden, welche der 5 Ich-Zustände Sie verfügbar haben und wie Sie die weniger genutzten entwickeln und voll nutzen können.

Als erstes könnte ich als Therapeut z.B. eine Bestandsaufnahme vorschlagen: Wie sind Ihre Ich-Zustände ausgeprägt. In der TA verwenden wir dazu das sogenannte „Egogramm" von Dusay. Ein Egogramm ist ein graphisches Hilfsmittel, mit dem Sie die Ausprägung Ihrer Ich-Zustände selbst einschätzen oder von anderen einschätzen lassen. Hier ist ein Beispiel:

Frau M. findet, daß sie über viel kritisches Eltern-Ich verfügt, wenig Fürsorgliches, mittel ausgeprägtes Erwachsenen-Ich, viel Angepaßtes Kind und ganz wenig Freies Kind. Sie zeichnet folgendes Egogramm:

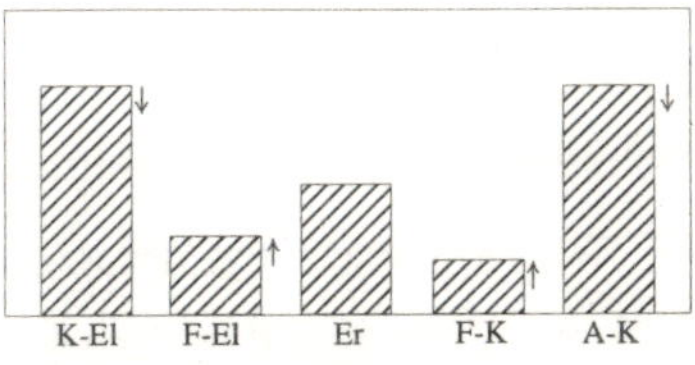

Frau M. denkt über Ihr Egogramm nach und beschließt, daß sie weniger Kritisches Eltern-Ich und Angepaßtes Kind, dafür mehr Freies Kind und Fürsorgliches Eltern-Ich haben will. Diesen Entschluß gibt sie mit den Pfeilen im obigen Diagramm an.

Es ist nun schwer bis unmöglich, einen Ich-Zustand zu vermindern, ohne einen anderen zu vermehren.

Wenn jemand einen Ich-Zustand vermindern möchte, so arbeiten wir überwiegend an den Ich-Zuständen, die der Klient vermehren möchte. Die „überlastigen" Ich-Zustände vermindern sich dabei automatisch. Die Arbeit an den Ich-Zuständen könnte sich an folgendem Muster orientieren:

1. Der Klient wählt einen Ich-Zustand, den er stärken möchte.
2. Er erstellt eine Liste von 10 Dingen, die jemand, der über diesen Ich-Zustand gut verfügt, eine Phantasieperson oder auch ein guter Bekannter, konkret tun würde. Diese Liste sollte zunächst keinerlei Zensur oder Bewertung enthalten. Es soll einfach das erste, was dem Klienten einfällt, aufgeschrieben werden.
3. Der Klient wählt von der Liste 5 Verhaltensweisen aus, die er für *ausführbar* hält und
4. führt täglich eine davon aus.

Wenn man beispielsweise wie Frau M. die Freie Kind-Aktivität steigern möchte, so könnte ein Teil der Liste lauten: „einen Tag im Bett verbringen; ein Eis essen gehen; einen Freizeitpark besuchen; den Chef in den Hintern kneifen; wenn das Telefon nervt, es im Kühlschrank einschließen". Möglicherweise ist es gefährlich oder unpraktisch oder nicht der Moral der Klientin entsprechend, den Chef in den Hintern zu kneifen, also streicht sie das wieder von der Liste. Aber für Donnerstag beschließt sie: ich gehe ein Eis essen. (Vielleicht sogar so ein Spaghetti-Eis mit Erdbeersoße). Nach demselben Muster können die anderen Ich-Zustände gesteigert werden.

Eine andere therapeutische Methode, die auf dem Konzept der Ich-Zustände aufbaut, ist die „Mehrstuhlmethode". Sie wird in dem Kapitel über Methoden praktisch dargestellt. Eine weitere Gruppe von Methoden, die „Beelterungsmethoden", lernen Sie ebenfalls da und im Kapitel über Schizophrenie kennen.

Wie eine Person, die nicht alle Ich-Zustände nutzt, sich nicht nur für sich allein, sondern z.B. auch in Partnerbeziehungen behindert, zeigt der nun folgende Abschnitt:

Symbiose

Menschen nutzen ihre Ich-Zustände in unterschiedlichem Ausmaß, z.B. so:

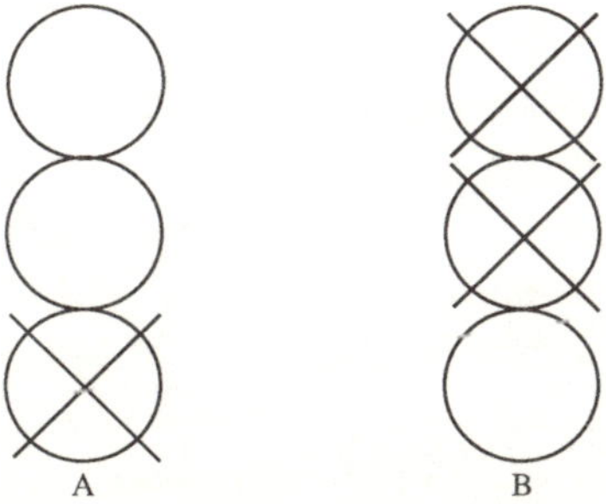

Person A nutzt nur ihr Eltern-Ich und ihr Erwachsenen-Ich. Ihr Kind-Ich nutzt sie kaum, sie hat es praktisch ausgeschlossen. Sie hat somit wenig Zugang zu ihren Gefühlen und Bedürfnissen, beispielsweise zu ihren Wünschen nach Nähe. Sie weiß jedoch, wie man in der Welt zurechtkommt, nach welchen Regeln man sich verhalten muß, und wie man für andere sorgt.

Person B nutzt ausschließlich ihr Kind-Ich. Hat viele Gefühle, Bedürfnisse, Fantasien und hat freien Zugang dazu. Da sie ihr Erwachsenen-Ich nicht nutzt, hat sie Schwierigkeiten, sich in der Welt zurechtzufinden („ich kann nicht einmal alleine eine Bahnkarte lösen"). Da sie ihr Eltern-Ich nicht nutzt, schert sie sich wenig um Regeln, kann anderen keine klaren Anweisungen geben und sorgt nicht recht für sich und andere. (Ausschluß des Erwachsenen-Ichs und des Eltern-Ichs).

Die beiden (wie ein Lahmer und ein Blinder) heiraten und bilden aus den übriggebliebenen Ich-Zuständen miteinander eine ganze Person mit allen Ich-Zuständen:

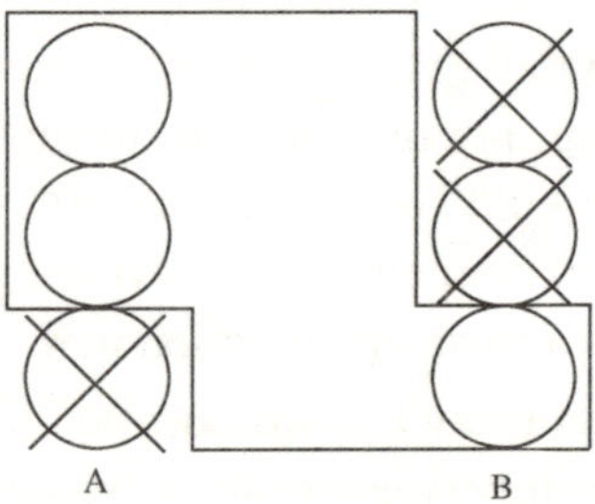

Diesen Vorgang nennen wir in der TA nicht eine Ehe, sondern eine Symbiose: jeder ist in seiner Lebensführung und zu seinem Überleben scheinbar auf den anderen angewiesen. Diese scheinbar intelligente Lösung (aus zwei halben Hähnchen mach ein ganzes) ist in Wahrheit eine wackelige Angelegenheit. Früher oder später beschwert sich A oder B über ihre Rolle. Z.B. könnte B sagen: „Du läßt mich nie denken. Immer sagst Du, was getan werden soll." A dagegen, wenn sie von der Rolle genug hat, könnte sagen: „Immer muß ich den Papa/die Mama für Dich spielen". Die Beziehung ist gefährdet, weil beide Partner ihre Ich-Zustände, deren vollständiger Gebrauch zum Zurechtkommen in der Welt unerläßlich ist, nicht ausreichend nutzen.

Symbiosen oder den Hang dazu gibt es nicht nur in Paarbeziehungen. Sehr oft, wenn Menschen zusammen sind, versuchen sie, symbiotische Beziehungen aufzunehmen, oft schon nach einer Minute. Symbiotische Beziehungen versprechen Sicherheit und Erfüllung, halten aber nicht, was sie versprechen. Sie machen abhängig und verhindern ein erfülltes Leben.

Transaktionsanalytische Therapie unterstützt die Klienten darin, herauszufinden, ob und auf welche Weise sie in eine Symbiose geraten sind, wie sie wieder herauskommen können, wie sie Einladungen zur Symbiose ausweichen können usw.

Die „Analyse von Transaktionen", über die Sie im nächsten Kapitel etwas erfahren, eignet sich besonders dazu, besser zu verstehen, wie sich Menschen gegenseitig in Symbiosen einladen und wie sie damit aufhören können. Am Ende des Abschnitts finden Sie deshalb Informationen darüber, wie ein Transaktionsanalytiker Klienten darin unterstützen kann, symbiotische Einladungen zu erkennen und ihnen auszuweichen. Und nun:

Die transaktionale Analyse

Menschen leben nicht für sich allein. Wie können wir besser verstehen, was zwischen zwei Menschen vor sich geht? Diesem Ziel dient die transaktionale Analyse.

Wenn zwei Menschen es miteinander zu tun haben, z.B. bei einer Unterhaltung, kann jeder der beiden aus jeweils 5 Ich-Zuständen heraus von sich aus handeln oder auf den anderen reagieren.

Ich sage z.B. (kichernd): „Du hast aber schon ganz schön viele graue Haare auf dem Kopf" (F-K) und mein Gegenüber reagiert kritisch-säuerlich „Kümmer Dich um Deinen eigenen Kram" (K-El). Meine Handlung nennen wir transaktionsanalytisch einen „Stimulus" (S), die Reaktion meines Gegenübers nennen wir „Reaktion" (R). Stimulus und Reaktion zusammen nennen wir eine Transaktion (jetzt erfahren Sie endlich, wieso das Ganze Transaktionsanalyse heißt). Nur ein Stimulus *zusammen* mit einer Reaktion kann sich „Transaktion" nennen, ein Stimulus ohne Reaktion fühlt sich unvollständig an (z.B., wenn Sie jemanden fragen: „Wieviel Uhr ist es?" und er es fertigbrächte, keinerlei Reaktion auf diese Frage zu zeigen).

Etwas theoretischer gesagt: Eine Transaktion ist die kleinste Einheit der menschlichen Kommunikation (etwa wie ein Wassermolekül im Vergleich zu einem Glas Wasser). Sie besteht immer aus einem Stimulus und einer Reaktion (diese Einzelteile vergleichbar einem Sauerstoffatom und einem Wasserstoffatom, die beim Aufbau eines Wassermoleküls beteiligt sind).

Da Menschen aus je 5 Ich-Zuständen handeln und reagieren können, ergibt sich eine große Zahl von möglichen Kombinationen. Um etwas Ordnung in das Gewirr zu bringen, unterscheiden Transaktionsanalytiker 3 Arten von Transaktionen. Für jede dieser Transaktionsarten gilt ein Kommunikationsgesetz.

1. Die parallelen oder komplementären Transaktionen:

Bei diesen Transaktionen verlaufen die Pfeile im Diagramm parallel, z.B.

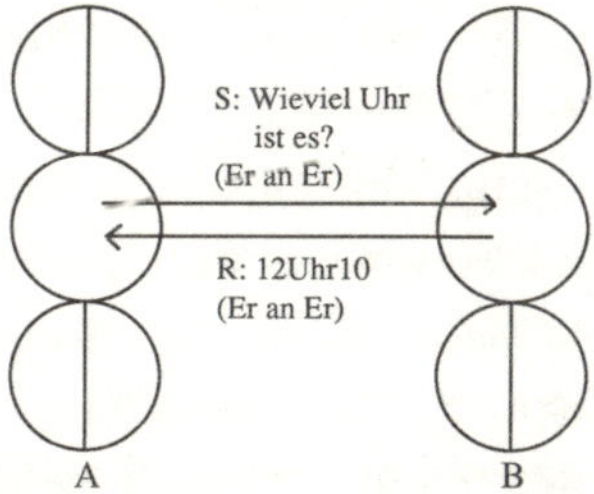

Theoretischer formuliert: Bei parallelen Transaktionen kommt die Reaktion aus dem Ich-Zustand, der vom Stimulus angesprochen wurde und richtet sich an den Ausgangs-Ich-Zustand zurück. Hier gilt das

1. Kommunikationsgesetz:

Parallele Transaktionen haben die Tendenz, endlos weiterzugehen.

Folgende parallele Transaktion kann, weil sie tendenziell endlos weitergeht, recht unerquicklich werden:

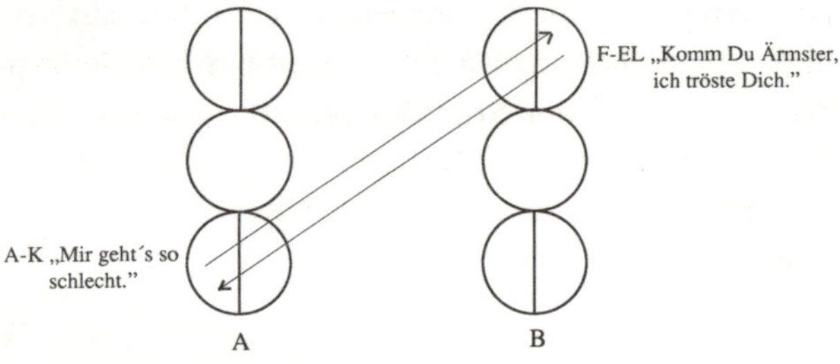

Da das ewig so weitergehen kann, wird für A keine wirkliche Hilfe geschaffen, und B „tröstet" bis zur eigenen Erschöpfung.

Die Kenntnis des ersten Kommunikationsgesetzes hilft, angenehme Transaktionen weiterlaufen zu lassen, und sie hilft, besser zu verstehen, wieso manche unerquicklichen Transaktionen weiterlaufen, obwohl man unter ihnen leidet.

2. Die durchkreuzten Transaktionen:

Im Diagramm sehen Sie gekreuzte Linien:

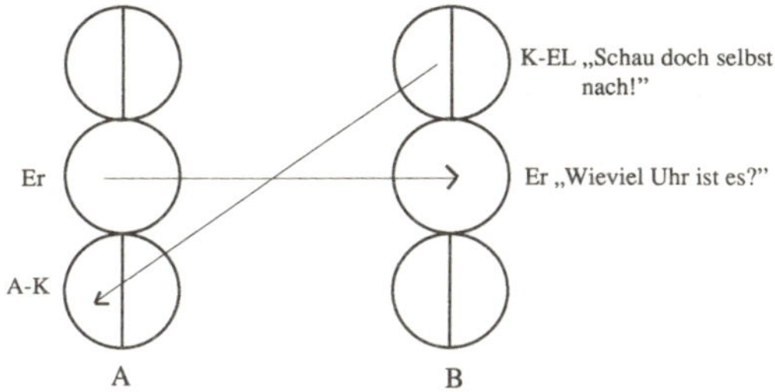

Theoretischer gesagt: Die Reaktion kommt nicht aus dem vom Stimulus angesprochenen Ich-Zustand und/oder richtet sich nicht an den Ich-Zustand zurück, von dem der Stimulus ausging. Hier gilt das

2. Kommunikationsgesetz

Wenn durchkreuzte Transaktionen vorliegen, gibt es einen (kürzeren oder längeren) Bruch in der Kommunikation und danach kann (muß aber nicht) etwas Neues geschehen.

Ungeahnte Möglichkeiten für das obige Beispiel: Es gibt nun vier Möglichkeiten, das Ganze zum Erliegen zu bringen. Hauptsache ist, daß die Transaktionen nicht mehr parallel sind, sondern sich durchkreuzen. Dazu muß die Reaktion aus einem der nicht-angesprochenen Ich-Zustände erfolgen. Ein Beispiel wäre:

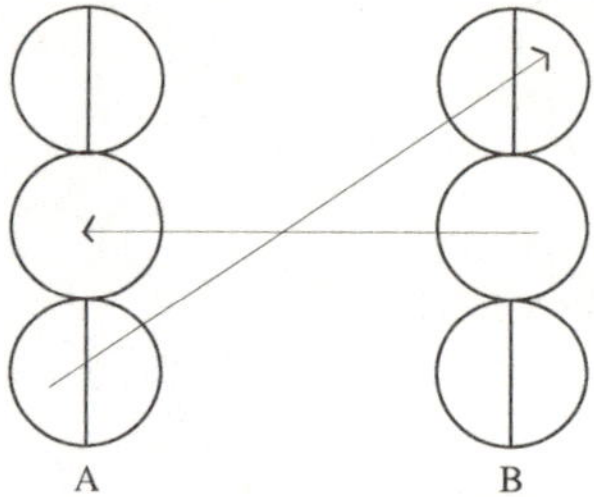

Übung in der Anwendung des zweiten Kommunikationsgesetzes ermöglicht Ihnen, unangenehme Transaktionen zu durchkreuzen und dadurch die Möglichkeit für etwas Neues zu eröffnen.

3. Verdeckte Transaktionen

Diese finden statt, wenn auf zwei Ebenen gleichzeitig, aber Unterschiedliches mitgeteilt wird, z.B., wenn es einen Unterschied zwischen dem gesprochenen Wort und dem Ton, in dem etwas gesagt wird, gibt. Gewöhnlich ist eine der beiden Botschaften offen, bewußt (wir nennen das die *„soziale Botschaft"*), die andere ist eher unbewußt, verdeckt (in TA-Worten die *„psychologische Botschaft"*). Soziale Botschaft und psychologische Botschaft laufen in unterschiedlichen Ich-Zuständen ab:

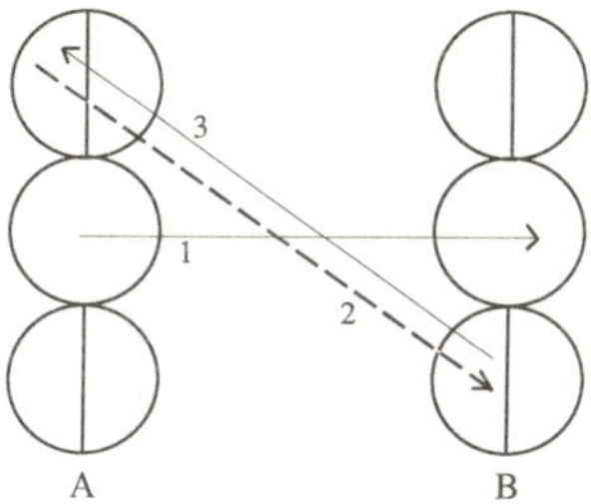

Mit der offenen Erwachsenen-Ich-Botschaft: „Der Kaffee ist lauwarm" (1) wird verdeckt die Botschaft „Mach sofort neuen" aus dem Kritischen Eltern-Ich gegeben (2). B reagiert auf die verdeckte Botschaft: „Ich mach einen neuen" (3). Diesen Vorgang können wir verallgemeinern zum

3. Kommunikationsgesetz:

Wenn es verdeckte Botschaften gibt, dann bestimmt die verdeckte, nicht die offene Ebene, wie es weitergeht.

Im obigen Beispiel reagiert der Angesprochene nicht aus dem Erwachsenen-Ich, sondern aus dem von der verdeckten Botschaft angesprochenen Angepaßten Kind-Ich.

Wie wird das in der TA-Beratung/Therapie angewendet?

Das Konzept der verdeckten Transaktionen und das dritte Kommunikationsgesetz eignen sich zum Beispiel, Einladungen zur Symbiose besser zu erkennen. Einmal erkannt, gibt Ihnen das Konzept der durchkreuzten Transaktionen und die Kenntnis des zweiten Kommunikationsgesetzes Möglichkeiten an die Hand, solchen Einladungen zu begegnen.

Obige Kaffee-Geschichte ist bereits ein Beispiel für eine symbiotische Einladung. Jemand macht eine Feststellung, scheinbar aus dem Erwachsenen-Ich. Einbegriffen, aber nicht ausgesprochen, ist eine Aufforderung aus seinem Kritischen Eltern-Ich an das Angepaßte Kind-Ich des Partners „Mach neuen Kaffee". Reagiert der Partner nur irgendwie aus dem Angepaßten Kind, z.B. mit „ich mach gleich neuen", oder aber auch patzig mit „Koch dir doch selber welchen", dann nimmt er die symbiotische Einladung an und ist in diesem Moment in Symbiose. Ähnlich verhält es sich, wenn Partner A scheinbare Erwachsenen-Ich-Fragen stellt, in die eingebettet, aber unausgesprochen, Anweisungen oder Kritik aus dem K-El enthalten sind. „Warum machst Du Dein Zimmer nicht sauber?" (Die verdeckte Botschaft ist: „Mach's sauber".) Nimmt der Partner mit seinem Kind-Ich die verborgene Botschaft an, z.B. „Ich mag aber nicht" so resultiert wiederum eine Symbiose.

In einem dritten Typ symbiotischer Einladungen stellt eine Person scheinbar aus dem Erwachsenen-Ich ein Problem dar, z.B.: „Ich habe Kopfschmerzen". Einbegriffen, aber wieder nicht direkt geäußert ist eine Aufforderung (aus dem Kind-Ich) an das Eltern-Ich des Partners („Tu doch irgendwas gegen meine Kopfschmerzen"). Wenn das Eltern-Ich des Partners reagiert, z.B. mit „Nimm doch eine Tablette" oder „Wie wär's mit einer schönen Dusche", ist die Einladung angenommen. In einem vergleichbaren Beispiel wird aus dem Erwachsenen-Ich heraus eine Frage gestellt, die eine Kind-Ich-Bitte enthält: „Gibt es Kaffee?" Der „Sender" hofft, daß seine vagen Hinweise verstanden werden, ohne daß er sie wirklich zu äußern braucht. Gewöhnlich machen Menschen das, wenn sie sich nicht trauen, direkt Bitten oder Forderungen zu äußern.

Solche „Kurzzeitsymbiosen" sind sehr alltäglich, und brauchen nicht unentwegt konfrontiert zu werden: Geschieht so etwas wenige Male, so mag das kein Problem sein. Ist aber die ganze Beziehung zwischen zwei Personen auf diesen Transaktionen aufgebaut, so wird Person A immer ihr Erwachsenen-Ich und ihr Kritisches Eltern-Ich benutzen, wohingegen B für gewöhnlich im Angepaßten Kind sein wird: eine Symbiose ist geschaffen.

Wenn Klienten aufhören möchten, symbiotische Einladungen zu geben, können sie (mit sich selbst) vereinbaren, Wünsche an andere nicht in Form von

Scheinfeststellungen und Fragen zu äußern, sondern offen und direkt (mit anderen Worten: ohne verdeckte Botschaften): „Bitte mach jetzt Dein Zimmer sauber." „Ich hab' Kopfschmerzen, bitte gib mir einen Rat, was ich tun kann." „Bitte gib mir eine Tasse Kaffee." So ersparen sie sich und dem Partner eine Menge Ärger und Verwirrungen.

Klienten können mit TA auch lernen, damit umzugehen, wenn ein anderer sie zur Symbiose einlädt. Ich ermutige sie, wenn sie eine symbiotische Einladung bemerkt haben, sich zu weigern, die Gedanken des anderen zu lesen und auf seine unausgesprochenen Hoffnungen und vagen Hinweise einzugehen. Stattdessen schlage ich z.B. zwei Dinge vor, die allerdings etwas Übung erfordern:

Sie können dem Partner ermöglichen, seine verborgenen Absichten offenzulegen, indem Sie direkt danach fragen, z.B. „(Indem Du über Kopfschmerzen klagst), was wünschst Du Dir von mir?" Die Kommunikation wird dadurch offener, wiederum werden Ärger und Verwirrung erspart.

Die zweite Methode ist die des aktiven Zuhörens. Hierbei versuchen Sie sehr wohl herauszuhören, was der verborgene Wunsch des Partners ist, aber anstatt einfach automatisch darauf zu reagieren, machen Sie ihm diesen Wunsch bewußt, z.B. in der Form „Du möchtest also eine Tasse Kaffee", „Das heißt also, daß Du möchtest, daß ich aufräume" usw. Auf diese

Weise können Sie in offene Verhandlungen über Ihre wechselseitigen Wünsche eintreten (nach Hart).

Diese Methoden brauchen nicht übertrieben zu werden. Wir fordern unsere Klienten nicht auf, jedesmal, wenn jemand ihnen die (zur Symbiose einladende) Frage stellt: „Haben Sie die genaue Uhrzeit" zu antworten: „Du möchtest also von mir die Uhrzeit hören?", nur weil er die verborgene Absicht nicht klar gemacht hat. Man darf durchaus auch einmal (symbiotisch) antworten „Es ist 12.10 Uhr" Die o.g. Methoden sind nur dann wichtig, wenn man bemerkt, daß das eigene Leben wegen einer Dauertendenz zur Symbiose unerfreulich geworden ist.

Eine besonders interessante und erfreuliche Art, Transaktionen auszutauschen, lernen Sie im nächsten Abschnitt kennen:

Zuwendung, Streicheleinheiten

In der TA betonen wir, daß Menschen ein intensives Bedürfnis nach Zuwendung haben. Dieses Bedürfnis ist so groß, daß es zu den „Überlebensbedürfnissen" gezählt werden kann (ähnlich wie unser Bedürfnis nach Nahrung, Wasser und Sauerstoff). Überlebensbedürfnis heißt: wenn wir es über längere Zeit nicht befriedigen, bekommen wir Mangelerscheinungen, danach werden wir im weitesten Sinne krank, und bei weiterem Entzug sterben wir. An vielen psychischen

Problemen, z.B. bei Depressionen, ist ein Mangel an Zuwendung zumindest mitbeteiligt. Aber auch bei körperlichen Krankheiten scheint unser „Ernährungszustand" in Bezug auf Zuwendung Auswirkungen zu haben. So z.B. scheint körperliche Zuwendung einen stabilisierenden Einfluß auf unser Immunsystem zu haben und die Abwehrkraft gegen z.B. Erkältungskrankheiten steigt.

Unter Zuwendung verstehen wir körperliche Zuwendung (Streicheln, Halten, Umarmung), Zuwendung mit Gesten (wenn ich z.B. einem Bekannten auf der anderen Straßenseite zuwinke) und Zuwendung mit Worten („Hast ein schönes Kleid an, heute").

Dabei gibt es positive Zuwendung (+), negative Zuwendung (–) und Mischformen (+– und –+). Beispiele:

Ich mag Dich (+)
Ich hasse Dich (–)
Du siehst wirklich gut aus (+) für jemand mit Deinem Körperumfang (–)
Du Schlingel (–), (aber mit einem freundlichen Lächeln gesagt) (+).

Es gibt bedingungslose Zuwendung (sie wird gegeben für das, was wir sind, und was wir nicht ändern können wie z.B. Augenfarbe, Wesen), und bedingte Zuwendung, also solche, die an Bedingungen geknüpft ist (sie wird gegeben für etwas, was wir tun, also auch anders machen können).

Einige Beispiele:
„Ich liebe Deine grünen Augen."
(bedingungslose, positive Zuwendung)
„Du Froschgesicht."
(bedingungslose, negative Zuwendung, was kann einer an seinem Gesicht ändern?)
„Toll, Deine „1" im Zeugnis."
(bedingte, positive Zuwendung)
„Deine geflickte Hose ist wirklich grauenvoll."
(bedingte, negative Zuwendung).

Um wirklich gesund zu sein, müssen wir ausreichend mit Zuwendung „angefüllt" sein, am besten mit positiver. Weil aber das Bedürfnis nach Zuwendung ein Überlebensbedürfnis ist, nehmen wir notfalls auch negative in Kauf, auch diese hat Überlebenswert. (Als Vergleich: wenn jemand in der Wüste am Verdursten ist, und er kommt an eine verseuchte Quelle, wird er daraus trinken. Das Trinken hat erstmal Nährwert, wenn auch später negative Konsequenzen. Oder er schlachtet sein Kamel und trinkt das Blut, auch wenn es ihn dabei ekelt).

Ebenso: Wenn wir nicht genügend bedingungslose Zuwendung bekommen, streben wir nach Aufmerksamkeit, die an Bedingungen geknüpft ist. So kommt z.B. die übermäßige Leistungsorientierung mancher Menschen zustande: Vielleicht sind sie unsicher, ob sie bedingungslos geliebt werden und versuchen, Zuwendung in Form von Lob für ihre Arbeitsleistung zu bekommen. Das Streben nach bedingter Zuwendung hat den Preis, daß ich mich, um sie zu bekommen, an die Erwartungen anderer anpassen muß.

Andere Menschen, wenn sie zu wenig bedingungslose Zuwendung bekommen, sind ständig auf der Suche danach. Für bedingte positive und bedingte negative Streicheleinheiten sind sie dann gar nicht offen. Dies bewirkt dann, daß sie keine realistische Einschätzung darüber erlangen können, wie andere sie sehen, oder über ihren wirklichen Leistungsstand in Schule, Beruf etc.

In der Transaktionsanalyse finden wir, daß genügend positive Aufmerksamkeit (Zuwendung, „Streicheleinheiten") für alle da sein könnte. Um „gut im Futter zu stehen", brauchen Menschen allerdings:

1. Die Fähigkeit, Streicheleinheiten zu geben.
2. Die Fähigkeit, Streicheleinheiten anzunehmen.
3. Die Fähigkeit, nach Streicheleinheiten zu fragen.
4. Die Fähigkeit, sich selbst Streicheleinheiten zu geben.

Menschen schaffen sich oft eine künstliche Verknappung an Streicheleinheiten, indem sie eine dieser Fähigkeiten nicht nutzen/unterentwickelt halten.

In der transaktionsanalytischen Therapie oder Beratung lernen Klienten, ihr persönliches Muster im Umgang mit Zuwendung zu erkennen (Welche der oben genannten Fähigkeiten nutze ich oft, bei welchen habe ich Schwierigkeiten? Kann ich z.B. leicht etwas finden, was ich an mir sehr mag (Stichwort: sich selbst Zuwendung geben) und es zu mir selbst oder vor anderen sagen? Auf welche Weise wehre ich womöglich positive Zuwendung, die ich dringend brauche, ab? Wie häufig provoziere ich Kritik und negative Zuwendung bei meinen Mitmenschen, wo ich eigentlich positives bräuchte usw.). Klienten lernen, dieses Zuwendungsmuster entsprechend ihren Bedürfnissen zu verändern.

Auch hier ginge es zunächst einmal darum, eine offene Bestandsaufnahme zu machen. Wiederum benutzen wir dafür ein Diagramm. Es sieht ähnlich aus wie das Egogramm, beinhaltet jedoch den Umgang des Klienten mit Streicheleinheiten, nämlich, wie häufig er positive/negative Streicheleinheiten gibt, annimmt, darum fragt/dazu einlädt, sich selbst gibt. „0" im Diagramm heißt „niemals", „10" heißt „immer". Zwischeneinschätzungen logischerweise dazwischen.

Frau M. findet z.B., daß sie viel positive Zuwendung geben kann. Sie nimmt aber von anderen kaum welche an. Sie bittet auch nicht darum, wenn sie welche braucht und gibt sich selbst wenig positive Zuwendung. Sie zeichnet daher folgendes Diagramm:

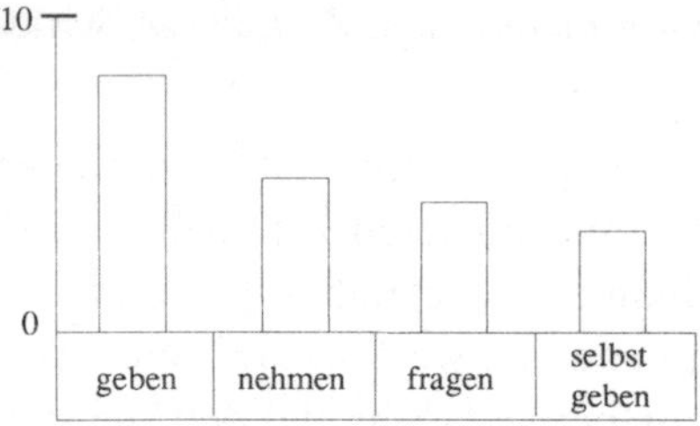

(Diagramm vereinfacht, nach McKenna)

Frau M. beschließt daraufhin, zu ergründen, wie es kommt, daß sie wenig annimmt und wenig um Zuwendung frägt. In der Therapie erkennt sie, daß sie nichts annimmt, weil sie sich damit wichtig genommen fühlen würde, sie aber in ihrer Herkunftsfamilie vermittelt bekam: „Nimm Dich nicht so wichtig". Sie fragt nicht nach Zuwendung, weil sie den verbreiteten Satz verinnerlicht hat: „Wenn man danach fragen muß, ist es nicht mehr soviel wert, wie wenn man's kriegt, ohne zu fragen." Nach dieser Erkenntnis beschließt sie, es zu üben, Zuwendung anzunehmen und häufiger nach Streicheleinheiten zu fragen.

In der transaktionsanalytischen Beratung/Therapie treffen Klienten oftmals eine Vereinbarung, wie

1. heute jemandem etwas Positives zu sagen, das sie für gewöhnlich bei sich behalten hätten.
2. wenn Leute ihnen heute etwas Positives sagen, sie körperlich berühren, ihnen zulächeln: zuzuhören, es in sich aufzunehmen und sich dafür Zeit zu nehmen, das wirklich aufzunehmen (denn Zu-

wendung braucht einige Zeit, bis sie wirklich „eingesickert" ist).

3. wenn sie Schwierigkeiten haben zu fragen: in sich hineinzuhören und herauszufinden, welche Art von Zuwendung/Streicheleinheit sie jetzt im Moment brauchen und von wem sie sie haben wollen. Sich dann ein Herz zu fassen und den/die Betreffende danach zu fragen.
4. eine Liste von 5 Dingen zu machen, die sie an sich mögen. Sich vor den Spiegel zu stellen, sich geradewegs in die Augen zu schauen und sich das selbst zu sagen. Etwas von dieser Liste zu nehmen und in Anwesenheit anderer eine positive Bemerkung über sich selbst zu machen.

In der TA-Gruppentherapie wird der freie Umgang mit Streicheleinheiten zwischen den Gruppenmitgliedern ermutigt.

Bei all diesen Übungen kann es sein, daß der Klient eine Art innere Blockade spürt, z.B., indem der Körper sich verhärtet, er Schweißausbrüche bekommt, zu grinsen beginnt oder das Ganze lächerlich findet. Das passiert gewöhnlich dann, wenn Klienten auf ein inneres Verbot (siehe Kapitel Lebensskript) stoßen und es lohnt sich, zu ergründen, was dieses innere Verbot ist, und es zu entkräften.

Wie der veränderte Umgang mit Streicheleinheiten auch bei der Psychotherapie von Minderwertigkeitsgefühlen, von Depressionen und psychosomatischen Krankheiten eingesetzt wird, erfahren Sie im Kapitel „Therapiewege bei einigen Problembereichen".

Die Analyse von manipulativen Gefühlsmaschen („rackets") und „Spielchen"

Die „Rackets"

Als Transaktionsanalytiker interessiere ich mich dafür, welches Gefühl meine Klienten in ihrem Leben am häufigsten haben. Traurigkeit? Niedergeschlagenheit? Ärger? Angst? Überheblichkeit? Und welche Gefühle werden selten oder gar nicht gespürt?

Die meisten von uns haben ein Gefühl, das sie „gerne" im Sinne von „besonders häufig" haben. Ich z.B. ärgere mich „gerne". Ärger ist mein „racket". Das Gefühl, das ein Mensch im Leben am häufigsten hat, unabhängig davon, wie sehr es in die Situation paßt, ist vermutlich sein „racket". Eine der deutschen Übersetzungen für „racket" ist daher *„Lieblingsgefühl"*.

Wenn Menschen zurückblicken in ihre Vergangenheit, so finden sie oft heraus, daß dieses spezielle Gefühl in ihrer Herkunftsfamilie erlaubt war oder sie damit Wirkung erzielen konnten, währenddem ein anderes Gefühl, das sie auch oft hatten, eher verboten war oder wirkungslos blieb.

Als Transaktionsanalytiker rege ich meine Klienten im Gespräch und in Übungen an, sich z.B. mit folgenden Fragen auseinanderzusetzen: „Schauen Sie sich als Grundgefühle einmal die Gefühle Angst, Wut, Trauer, Liebe und Freude an. Als Sie klein waren, wie reagierte man in Ihrer Familie auf diese Gefühle? Wenn Sie mal Angst hatten, wurden Sie getröstet, gehalten, gestützt? Dann wäre dieses Gefühl erlaubt und wirkungsvoll gewesen. Oder wurden Sie links liegen gelassen oder vielleicht als „Angsthase" hingestellt? Dann war dieses Gefühl eher verboten oder wirkungslos".

Kinder haben die Tendenz, das „verbotene" Gefühl zu unterdrücken, zu ignorieren, zu verdrängen. Das Erstaunliche ist, daß sie häufig an die Stelle des verdrängten, verbotenen Gefühls ein erlaubtes, oder eines, das Wirkung erzielt, setzen. Wenn es also in einer Familie verboten war, traurig zu sein, aber erlaubt war, sich zu freuen, beginnt das Kind immer dann, wenn es traurig ist, stattdessen Zeichen der Freude zu äußern. In manchen Familien ist es umgekehrt: wenn zu Hause alle eher niedergeschlagen und deprimiert sind, kommt ein Kind, das sich über irgendetwas riesig freut, nicht weit mit der Freude: es trifft auf hängende Gesichter, und oft beschließt es: „Besser nicht freuen, besser niedergeschlagen sein." Dieses Verhalten behält man auch als Erwachsener bei. So kommt es, daß manche Menschen Ärger spüren, wenn sie ärgerlich sind, aber auch wenn sie eigentlich traurig sind, Angst haben oder Liebe oder Freude empfinden: Ein erlaubtes Gefühl dient als

Ersatz für ein verbotenes, wir nennen es deshalb auch *„Ersatzgefühl"* (zweite Übersetzung von „racket"). Jedes Gefühl kann an Stelle eines anderen treten und zum Ersatzgefühl werden. Für einige bekannte Gefühle ist die Wahrscheinlichkeit dafür jedoch besonders groß. Viele quälende soziale Ängste (Autoritätsängste, Prüfungsängste, Angst vor öffentlichem Sprechen), chronische Schuldgefühle (ohne drastischen Anlaß wie z.B., jemanden ermordet zu haben), Minderwertigkeitsgefühle, Depressionen, ein Teil der Eifersucht, Kopfschmerzen lassen sich in dieser Weise sehen und behandeln: als Transaktionsanalytiker ermutigen wir den Ausdruck des verdrängten Gefühls und wir machen oft die Erfahrung, daß das „Ersatzgefühl", dessentwegen ein Klient zu uns kommt (z.B. Autoritätsängste), verschwindet oder sich vermindert, wenn er sich z.B. die darunterliegende, verdrängte Wut bewußt macht und sozial annehmbare Formen des Ausdrucks dafür findet. Sie finden diesen Vorgang im Kapitel über Methoden anschaulich dargestellt.

Der Vorgang des Verdrängens eines Gefühles und des an die Stelle Setzens eines anderen ist schmerzhaft. Er beraubt uns des notwendigen Ausdrucks der grundlegenden Gefühle Wut, Angst, Schmerz, Trauer, Liebe und Freude. Trotzdem, wenn das erst einmal passiert ist, beginnen wir einige Vorteile des Ersatzgefühls zu erkennen: es ist Wirkung auf unsere Umgebung damit zu erzielen. Wenn ich intensive

Angst als Ersatzgefühl habe, mag es sein, daß jemand vorbeikommt und für mich etwas erledigt, was ich eigentlich selbst tun müßte. Wenn ich Kopfschmerzen habe, mag jemand kommen und mir Trost geben, Zuspruch, Nähe, die ich vielleicht anders nicht bekommen zu können glaube. Dieses sind „Vorteile" des Ersatzgefühls: ich kann damit (zumindest ist das die unbewußte Hoffnung) Einfluß auf meine Umgebung ausüben und Zuwendung bekommen. Aber dieser scheinbare Vorteil ist wiederum mit Nachteilen verbunden: die „Umgebung", auf die ich so Einfluß genommen habe, fühlt sich irgendwie zu etwas gebracht, was sie freiwillig nicht tun wollte, sie fühlt sich manipuliert. Wir nennen daher das racket auch die *„manipulative Gefühlsmasche"* („Mir geht's wieder so schlecht" im Abschnitt über parallele Transaktionen ist ein Beispiel für solch eine Masche). Menschen können lernen, durch direktes Verhalten die o.g. Vorteile zu bekommen (z.B. „nimm mich mal in den Arm"), sodaß sie auf den indirekten Weg über das schmerzhafte Erleben eines Ersatzgefühls verzichten können. Menschen können auch lernen, mit Hilfe des zweiten Kommunikationsgesetzes eine solche Masche bei anderen zu durchkreuzen.

Es gibt nun bestimmte Verhaltensabläufe, die zu den unangenehmen Ersatzgefühlen immer wieder hinführen. Wie man diese Verhaltensmuster besser verstehen und ändern kann, erfahren Sie im folgenden Kapitel.

Die Analyse von Spielchen

Spielchen sind aneinandergereihte Transaktionen zwischen zwei Personen, die damit enden, daß beide sich schlecht fühlen, und zwar auf eine ihnen recht vertraute Weise. Für die Beteiligten ist der Spielablauf unbewußt, von außen jedoch ist vorhersehbar: jetzt läuft *das* wieder.

Betrachten Sie folgendes Beispiel:

A: Ich hab wieder so Kopfschmerzen.

B: Leg Dich doch hin und ruh' Dich aus.

A: Das würd' ich ja gerne tun, aber ich muß den Anwalt noch dringend anrufen.

B: Wie wär's dann mit einer Kopfschmerztablette?

A: Normalerweise wär' das eine gute Idee, aber ich kenne diese Art Kopfschmerz, da hilft das nichts.

B: Und wenn Du erst mal 'ne schöne Dusche nimmst und danach den Anwalt anrufst?

A: Hab ich auch schon gedacht, aber ich kann das Duschen nicht genießen, solange das mit dem Anwalt noch aussteht.

B: Dann laß mich doch den Anwalt anrufen und du duschst währenddem.

A: Gute Idee, *aber* er wollte meine persönliche Meinung zu der Geschichte hören, das kann ich ihm wohl nur selbst sagen.

B: Ich könnte Dir den Rücken massieren, währenddem Du telefonierst, das könnte die Spannungen lösen, die zu den Kopfschmerzen führen.

A: Massieren täte mir sicher gut, *aber* Du hast immer so kalte Finger, da wird das womöglich nur noch schlimmer.
B: Und wenn ich die Finger vorher anwärme?
A: Das wäre toll, *aber* das dauert zu lange. Ich will den Anwalt gleich anrufen.
B (ärgerlich): Dann laß Dir halt den Kopf amputieren, Du Idiot.
A (verzweifelt): Ich hab's doch gewußt, mir kann keiner helfen, auf Menschen ist halt nie richtig Verlaß.

Da haben wir's. Die beiden sprechen miteinander, scheinbar ist alles in Ordnung, Argumente werden ausgetauscht, und plötzlich schlägt das Ganze um, beide kassieren negative Gefühle, (nämlich ihre „rackets"), und denken schlecht über sich oder den anderen. Dieser Ablauf ist typisch für Spielchen. Wir nennen A's Spiel: „Ja, aber", weil auf jeden von B's Vorschlägen eine Variante von „ja, ... aber ..." erfolgt. B's Spiel könnte heißen: „Warum machst Du nicht ..." weil er gute, aber letztlich ungefragte Ratschläge gibt. Eric Berne hat eine Reihe verbreiteter Spiele beschrieben (Berne, Spiele ...).

Spielchen zu spielen bewirkt, daß man sich mit einem Partner oder mit sich selbst schlecht fühlt. Man bestätigt sich alte, negative Einstellungen über sich selbst, andere Menschen oder die Welt. Spielchen bewirken daher auch, daß man sich in seinem Lebensskript (s. Kapitel Lebensskript) ein Stück weiter auf ein möglicherweise tragisches Ende hinbewegt.

In der TA-Therapie, Beratung und Ausbildung lernen Sie einige Antworten auf die folgenden Fragen kennen:

1. Was sind die Gründe für Spielchen?

2. Wie können wir Spielchen besser verstehen?

3. Was können wir gegen Spielchen unternehmen?

Einige Gründe, wieso Menschen Spielchen spielen:

Spielchen ermöglichen den Beteiligten einen intensiven Austausch von Zuwendung. Es ist zwar oft negative Zuwendung, die da ausgetauscht wird, aber auch diese hat Nährwert. Die Beteiligten können mit den unangenehmen Gedanken und Gefühlen am Ende des Spiels auch hausieren gehen: A mag zum Arzt gehen und sich beklagen, was für einen wenig hilfreichen und verständnislosen Partner er/sie hat. B mag sich bei seinen Freunden beklagen, was für ein Idiot sein Partner ist. Beide erhalten dabei weitere Zuwendung. Beide sehen sich durch das Spiel wieder einmal in alten Annahmen über sich selbst, andere und die Welt bestätigt. So weh das auch tut, es scheint für uns Menschen ein Gewinn darin zu liegen, wieder einmal unsere alte Weltsicht bestätigt zu bekommen („Alles beim Alten") und das scheint oft für uns wichtiger zu sein, als ein neues, angenehmeres Weltbild zuzulassen.

A und B vermeiden es, während sie ein Spielchen spielen, wirklich offen und aufrichtig miteinander zu werden und sich wirklich gefühlsmäßig aufeinander einzulassen, was zwar belohnender wäre, aber oft als ein zu großes gefühlsmäßiges Risiko empfunden wird.

Und schließlich ist da noch die Tatsache, daß die beiden am Ende ihr „racket" empfinden, ein Gefühl, von dem wir ja oft (wenn auch vergeblich) hoffen, daß wir mit ihm ändernden Einfluß auf unsere Umgebung nehmen könnten.

Dies sind nur einige der Gründe für Spielchen. Aber bereits daraus können Sie etwas ableiten, was getan werden kann, um Spielchen zu vermindern, nämlich:

1. Auf direktem Wege für den eigenen Haushalt an Streicheleinheiten zu sorgen, damit man es nicht auf indirektem Wege, z.B. über ein Spielchen, tun muß. Klienten lernen das in der TA-Therapie.
2. In einem Selbstgespräch die alten Gefühle und negativen Gedanken über sich selbst, andere und die Welt (die „Endauszahlung", ähnlich wie bei einem Spielautomaten) zurückzuweisen. Da Spielchen gespielt werden, um zu diesen Gefühlen zu gelangen, wird man das nächste Mal nicht so leicht in ein Spiel eintreten, da man ja weiß, daß man die Endauszahlung eh' nicht annimmt. Im obigen Spielbeispiel könnte das zum Beispiel für B so aussehen:

   „Gewöhnlich würde ich jetzt ärgerlich sein und über meinen Partner denken: ‚Wieder einer dieser Idioten, denen man nicht helfen kann, aber ich bin jetzt nicht bereit, das noch einmal zu denken oder zu fühlen. Ich nehme diese Gedanken und Gefühle jetzt nicht an." Auch dies wird in der TA-Therapie geübt.

Eine Hilfe, die eigenen Spielchen besser zu erkennen und zu verstehen, bietet folgendes, John James entlehntes Ablaufschema. *(„John James Spielplan")*. Es findet in der TA-Beratung und Therapie häufig Anwendung. Dementsprechend würde ich einen Klienten zu folgendem ermuntern:

„Vergegenwärtigen Sie sich folgendes: wann haben Sie sich zum letzten Mal schlecht gefühlt, mit einem anderen Menschen, auf eine Ihnen sehr vertraute Art und Weise?" (Das ist vermutlich die Endauszahlung eines Spiels).

Dann würde ich ihn fragen: „Was passierte davor?" „Und davor?" „Und davor?" „Und wie fing das Ganze an?" Danach fordere ich ihn auf, nochmal alles vom Anfang bis zu den schlechten Gefühlen am Ende durchzugehen, immer mit der Frage: „Was passierte dann, und dann, und dann?" Er bekommt dadurch ein bewußteres Verständnis für das Spiel, und es wird dadurch schwerer, es das nächste Mal wieder zu spielen.

Ein Spiel hat immer wieder ein typisches Ablaufmuster, in das man die Erfahrungen mit dem eigenen Spiel einordnen kann: Es beginnt mit der Spielanfälligkeit des einen Partners. (Spielanfälligkeit: wie man ihn ins Spiel reinbekommt. Im obigen Beispiel macht

B vielleicht seine Überzeugung, viel besser denken zu können als alle anderen, oder die Leichtigkeit, mit der er ein schlechtes Gewissen bekommt, wenn er anderen nicht sofort aus ihren Problemen raushilft, anfällig für das Spiel.)
Diese trifft auf die Spielanfälligkeit des anderen Partners A (vielleicht die Überzeugung „Ich kann sowieso nicht richtig denken").
Es folgt eine scheinbar problemfreie Begegnung der beiden (an der Oberfläche problemfrei).
Es gibt einen plötzlichen Wechsel (z.B. wechseln die beiden die Ich-Zustände, in denen sie sich bislang befanden).
Beide Partner haben das Gefühl von Verwirrung: „Eben ging's doch noch gut, was ist denn jetzt los?"
Danach oder dabei erleben sie alte Gefühle (rackets) und alte negative Einstellungen über sich selbst, andere, die Welt ...

(nach E. Berne, (Was sagen Sie ...).

Das Drama-Dreieck nach Karpman:

Spiele haben etwas Dramatisches. Oft werden sie gespielt wegen der mit ihnen verbundenen Aufregung/Erregung (wenn uns sonst miteinander nichts einfällt). In diesem Drama haben wir die Tendenz, eine von 3 Rollen einzunehmen, und Sie können beim Lesen herausfinden, ob Sie eine Lieblingsrolle haben, in er Sie besonders oft sind.

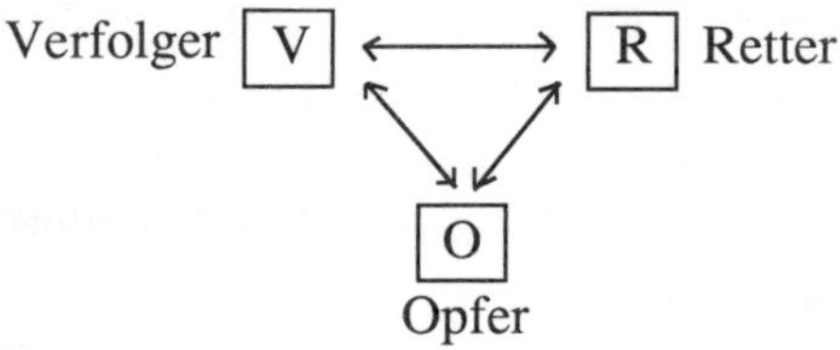

Rolle Nummer 1: Das Opfer

Das Opfer empfindet, „Ich bin nicht o.k., Du bist o.k.", d.h., ich bin weniger wert, weniger fähig als Du, kann nichts, bin nichts, kann nicht denken usw. Es fühlt sich oft: niedergeschlagen, minderwertig, traurig, ängstlich (als Ersatzgefühle).

Rolle Nummer 2: Der Verfolger

Dieser findet: „Ich bin o.k., Du bist nicht o.k." (ich bin mehr wert, fähiger usw. als Du, weiß und kann alles besser usw.) und ist somit der „ideale" Partner für das Opfer. Sie finden einander häufig, um unglückliche Beziehungen einzugehen, in der der eine verfolgt, und der andere das Opfer ist. Typische Ersatzgefühle des Verfolgers wären z.B. Wut (aus dem Eltern-Ich) oder Arroganz.

Rolle Nummer 3: Der Retter

Er ist ein weiterer häufiger Partner des Opfers. Er ist „hilfreich" in der Weise, daß er Opfer sucht, denen er aus der Patsche helfen kann, sodaß er empfinden kann: „Ich bin besser, wertvoller usw., jedenfalls mehr o.k. als Du" (allerdings mit freundlichem Ton und damit weniger durchsichtig als beim Verfolger). Untendrunter hat der Retter jedoch die umgekehrte Einstellung: „Ich bin nicht o.k., oder nur o.k., wenn ich jemandem helfe". So ist der Retter auf arme Seelen angewiesen, denen er aus Patschen helfen kann (in denen sie möglicherweise gar nicht sind). Nur damit kann er sich ein wenig o.k. fühlen. Ein typisches Ersatzgefühl wäre „edel und hilfreich".

Retter, Verfolger und Opfer sind als manipulative Rollen zu verstehen. Natürlich gibt es wirkliche Hilfe, richtige Kritik, und wirkliches Opfersein (z.B. bei einem Verkehrsunfall). Der Unterschied ist aber, daß bei den Rollen des Drama-Dreiecks immer irgendeiner sich oder den anderen als nicht-o.k. betrachtet.

In Spielabläufen werden die Rollen des Drama-Dreiecks oft schnell wechselnd eingenommen. Im „Warum machst Du nicht"-Spiel z.B. beginnt B mit der Retterrolle und wechselt später in die Verfolgerrolle. Auch währenddem Menschen ihr Lieblingsgefühl spüren, sind sie in einer dieser drei Rollen.

In der TA-Beratung/Therapie unterstützen wir Klienten, aus den Drama-Dreiecks-Rollen und aus rackets und Spielen herauszukommen, indem wir sie ermuntern:

1. bewußt die Haltung: „ich bin o.k., Du bist o.k." einzunehmen

2. sich bewußt zu machen, in welcher Rolle sie sind, und zu beschließen, damit aufzuhören.

Spiele können auch von nur einer Person mit sich selbst gespielt werden. Dabei teilt man sich gleichsam, um die beteiligten Rollen zu spielen, in zwei Persönlichkeitsteile auf. Dies wird klar am Beispiel des „Einseitigen Kick-Me Spieles" (in der deutschen Literatur auch „Mach mich fertig" genannt). Ursprünglich ist es ein Spiel, an dem zwei Leute beteiligt sind. Es läuft dann so: Partner A macht irgendetwas falsch, von dem er genau weiß, daß es B aufbringt. Dieser geht dann in die Verfolgerrolle und brät A eins über, macht ihn dafür fertig (gewöhnlich ist B einer, der auf Fehler anderer aus ist, damit er jemanden zum fertigmachen hat). Oft, aber nicht immer, haben wir das in unserer Herkunftsfamilie gelernt: A macht Quatsch, damit B über ihn herfällt. Wir speichern, die alten Mitspieler (Vater, Mutter, Geschwister) in unserem Kopf, und wenn wir gerade in Spiellaune sind und sonst niemand für das Spiel da ist, spielen wir es mit uns selber, oder mit den Autoritätsfiguren in unserem Kopf: Wir machen Fehler, Chaos, Unordnung (unaufgeräumte Schreibtische, durcheinandergebrachte und nicht abgeschlossene Finanzabrechnungen. In der Küche stapelt sich das schmutzige Geschirr der letzten vier Wochen, Sie lassen den Schlüssel im Auto stecken und werfen die Tür zu, usw.).

Dann fallen wir über uns selbst her und machen uns fertig (daher: einseitiges Kick-Me-Spiel). Ein schmerzhafter Akt, auch wenn er sämtliche Vorteile hat, die wir im Kapitel „Spielchen" aufgezählt haben. Menschen spielen es, um sich in der ihnen vertrauten Art und Weise schlecht zu fühlen, nachdem sie sich fertig gemacht haben. Sie spielen es wegen der Zuwendung, die sie sich selbst dabei geben, und weil es ihr Selbstbild oder Weltbild bestärkt.

Ich habe wirklich nichts gegen Chaos. In gewisser Weise liebe ich es sogar. Wenn ich jedoch bemerke, daß ein Klient Chaos als Teil eines „Kick-Me"-Spiels produziert, so frage ich ihn, ob er bereit ist, es zu beenden. Wenn ja, könnte er sich z.B. ein Chaos, eine liegengebliebene Arbeit, eine Fehlleistung suchen, derentwegen er sich selbst kritisiert und eine Ordnung schaffen, für die er sich nicht mehr kritisiert. Wenn er das Chaos nicht aufräumen will, ist es wichtig, sich wenigstens zu weigern, sich fertig zu machen (also nicht in die Verfolgerrolle zu gehen), um aus dem Spiel herauszubleiben. Mit anderen Worten: es ist wichtig, den Nutzgewinn des Spielchens zu vereiteln, damit das alte Muster aufgeweicht und Platz für ein angenehmeres geschaffen wird.

Spielchen tragen zu negativen Lebensverläufen bei. Wie man solche negativen Gesamtlebensverläufe verstehen und verändern kann, erfahren Sie im nächsten Kapitel.

Unsere Eltern haben uns eine Menge Gutes getan. Da Sie zum Beispiel dieses Buch lesen können, können wir davon ausgehen, daß Ihre Eltern eine Menge förderlicher Einflüsse auf Sie ausgeübt haben. Vielleicht wollen Sie beim Lesen an dieser Stelle (ähnlich wie ich beim Schreiben) Ihren Eltern einmal innerlich danken für alles, was gut gelaufen ist.

Leider gibt es in der Kindheit auch eine Reihe von negativen Einflüssen. Als wir noch sehr klein waren, haben wir aus den schädlichen Einflüssen einige Schlußfolgerungen gezogen, die zu breit, zu verallgemeinert, zu stark, zu überzogen waren. Diese Schlußfolgerungen haben die Tendenz, uns noch heute zu beeinflussen und einzuschränken. Wir können sie jedoch aufspüren, bewußt machen und durch neue, lebensförderlichere ersetzen. Dies ist der Gegenstand der Skriptanalyse, des tiefenpsychologischen Teils der TA.

In der TA nehmen wir an, daß Menschen am Anfang ihres Lebens eine Art Regieplan aufstellen. Dieser wirkt wie der Regieplan bei einem Film oder einem Theaterstück. Er beeinflußt den gesamten Ablauf: ob das Leben ein lustiges oder ein tragisches wird, welche Art von Leuten darin vorkommen dürfen, welche nicht, z.B. auch, wie lange es dauert und auf welche Weise es endet. Diesen Regieplan nennen wir „Lebensskript". Welche Art von Plan das ist, den wir da aufstellen, hängt davon ab, welche

Erlebnisse wir in der Kindheit hatten, wie wir diese Erlebnisse interpretiert haben und welche Schlußfolgerungen wir daraus gezogen haben.

Welche Erlebnisse können so weitreichende Konsequenzen haben?

Schauen wir zunächst einmal an, was wir brauchen, wenn wir auf die Welt kommen, um auf dieser Welt gut leben zu können. Wir brauchen:

- die Gewißheit, willkommen zu sein, leben zu dürfen, da sein zu dürfen;
- die Gewißheit, daß wir als Junge oder Mädchen willkommen sind, mit anderen Worten, daß wir so, wie wir sind, willkommen sind;
- die Gewißheit, daß wir unsere Körperreaktionen spüren dürfen, z.B. wenn wir hungrig oder müde oder zärtlichkeitsbedürftig sind;
- die Gewißheit, daß wir unsere Gefühle spüren dürfen, z.B., wenn wir wütend, traurig, ängstlich, freudig oder voller Liebe sind;
- die Gewißheit, daß wir wichtig sind und daß es in Ordnung ist, wenn wir uns selbst wichtig nehmen;
- die Gewißheit, daß es erwünscht und in Ordnung ist, wenn wir anderen Menschen körperlich oder seelisch nahe sind;
- die Gewißheit, daß es in Ordnung ist, gesund an Körper und Geist zu sein;

– die Gewißheit, daß wir so alt sein dürfen, wie wir sind, daß wir also nicht zu früh erwachsen werden müssen, weil wir z.B. für jüngere Geschwister die Elternrolle übernehmen sollen, aber auch, daß wir nicht für die Familie klein und unselbständig bleiben müssen;
– die Gewißheit, daß es in Ordnung ist, wenn wir Dinge erfolgreich zu Ende bringen und das schaffen, was wir uns vorgenommen oder gewünscht haben (und einige Gewißheiten mehr).

Ich glaube, wir Menschen haben diese Gewißheiten bereits, wenn wir auf die Welt kommen, „eingebaut". Die Umgebung, in die wir hineingeboren werden und in der wir aufwachsen – und da spielen Eltern eine wichtige Rolle – bestärkt und bekräftigt diese Gewißheiten, wenn alles gut geht. In der TA sprechen wir dabei von Erlaubnissen, z.B., daß Eltern Kindern die Erlaubnis geben, da zu sein, Gefühle und Bedürfnisse haben zu dürfen, erfolgreich zu sein, usw.

Oft aber können Eltern den Kindern diese Erlaubnisse nicht geben, vielleicht, weil es ihnen selbst nicht gut geht oder sie wichtige Bedürfnisse in ihrem Leben nicht erfüllt haben. Wenn z.B. eine 18-jährige Frau ein Kind bekommt, so mag sie als Mutter empfinden: „Mein Gott, ich bin doch noch viel zu jung. Ich will noch so vieles tun, bevor ich ein Kind aufziehe: in Discos gehen, in der Welt herumreisen, Leute kennenlernen". Und sie empfindet dann möglicherweise dem Kind gegenüber Ärger und Widerstand und wünschte sich fast, es wäre nicht da. Das Kind wiederum ist zu klein, die Perspektive der Mutter und seinen eigenen Wunsch danach, willkommen zu sein, unter einen Hut zu bringen. Es erfährt die ablehnende Reaktion der Mutter wie ein Verbot: „Eigentlich wär's mir lieber, es gäbe dich nicht". Oftmals zieht es daraus die Schlußfolgerung: „Ja, es wäre besser, es gäbe mich nicht". Da die ablehnende Reaktion der Mutter nicht das einzige ist, was von ihr kommt, überlebt das Kind irgendwie, obwohl es eigentlich findet, es sollte besser nicht da sein. Später, wenn es erwachsen ist, mag es ein interessantes, erfülltes Leben führen, und diese alte Entscheidung vergessen haben. In Krisensituationen aber, z.B. wenn der Partner geht, kann diese alte Schlußfolgerung, die alte Entscheidung, „Besser es gäbe mich nicht", wieder aufbrechen, und der Betreffende hat dann die Tendenz, seinem Leben ein vorzeitiges Ende zu setzen.

Wenn also Eltern aus Gründen, die in jedem einzelnen Fall durchaus verständlich sein mögen, die eine oder andere Erlaubnis auf längere Zeit nicht geben können, empfindet das Kind das als Verbot. Diese Verbote werden praktisch nie mit Worten ausgesprochen. Es sind mehr die Art des Umgangs miteinander, die körpersprachlichen Signale (abweisende Gesten, Stirnrunzeln, kritischer Blick), aus denen das Kind diese Verbote schließt.

Diese eigentlich nicht mit Worten ausgedrückten Verbote können jedoch, der besseren Darstellbarkeit halber, in einfachen Sätzen ausgedrückt werden. Wir nennen sie auch *destruktive Grundgebote.* Hier ist eine Liste solcher destruktiver Grundgebote:

Sei nicht da! (ich wollte, es gäbe Dich nicht).
Sei nicht Du! (eigentlich hättest du ein Junge werden sollen).
Spür Deine Körperreaktionen und Grundbedürfnisse nicht! (Hunger, Müdigkeit, wenn Du krank bist).
Spür Deine Gefühle nicht! (z.B. „Sei nicht wütend").
Sei nicht wichtig! (Jeder andere ist wichtiger).
Werd' schnell erwachsen! (zeig keine kindlichen Gefühle, Bedürfnisse, Verhaltensweisen).
Werd' nicht erwachsen! (bleib mein kleiner Sputnik).
Sei nicht gesund/normal! (in Familien, in denen die Eltern gestört sind, hat es ein Kind schwer, gesund oder normal zu sein. Häufig wird es als „Kranker" ausgesucht, sodaß die Eltern sich unentwegt mit ihm befassen können und nicht darauf schauen müssen, als wie gestört, krank, schwach usw. sie sich selbst empfinden).
Sei nicht erfolgreich! (werd nicht erfolgreicher als ich es bin).
Denk nicht nach!
(nach R. und M. Goulding)

Da diese Verbote die gesamte Familienatmosphäre über längere Zeit beeinflussen und das Kind zu seinem Überleben darauf angewiesen ist, in dieser

Familie zurechtzukommen, trifft es gewöhnlich die Entscheidung, sich daran anzupassen. Es reagiert z.B. auf das Verbot: „Zeig Deine Gefühle nicht" mit der Entscheidung: „Besser, ich zeig hier keine Gefühle". Entscheidungen dieser Art werden ins Erwachsenenleben hineingetragen und schränken unseren Verhaltens-Erlebens-Glücks-Spielraum ein. Die Verbote und die Entscheidungen werden gewöhnlich unbewußt (man vergißt sie und vergißt, daß man sie vergessen hat). Aus dem Unbewußten heraus werden sie zu bestimmenden Bestandteilen des Lebensplans/ Lebensablaufs.

Transaktionsanalytiker finden mit ihren Klienten heraus, wie deren heutige Probleme auf solche destruktiven Grundbotschaften sowie auf die verallgemeinerten und überzogenen Entscheidungen, die sie getroffen haben, als sie klein waren, zurückzuführen sind. Wir regen die Klienten an zu überprüfen, ob diese alten Entscheidungen heute noch sinnvoll sind und unterstützen Neuentscheidungen. Diese Grundlinie transaktionsanalytischer Therapie wurde von Robert und Mary Goulding entwickelt und heißt Neuentscheidungstherapie. (Erste Hinweise, welche Destruktive Grundgebote einigen verbreiteten Problembereichen zu Grunde liegen können, finden Sie im Kapitel „Problembereiche").

Im therapeutischen Gespräch gibt es einen häufigen Hinweis im Verhalten des Klienten auf das Vorliegen eines destruktiven Grundgebotes: das sogenannte

Galgenlachen. Jemand erzählt ein Ereignis, und dieses Ereignis ist eher traurig oder enthält etwas, das für den Beteiligten nicht lustig oder im weitesten Sinne selbstzerstörerisch ist. Ein Beispiel: „Da ist mir der neue Job durch die Lappen gegangen, und ich hab mir gedacht, was bist du bloß für ein Idiot, daß du den nicht gekriegt hast" (und dabei grinst der Sprecher). Als Zuhörer bekommen Sie zwei Botschaften. 1.: es ist etwas Unangenehmes passiert, 2.: es wird darüber gelacht. Sie fühlen sich als Beteiligter unbehaglich, es ist keine angenehme Art von Lachen.

In der TA nennen wir dieses Lachen „Galgenlachen". Es tritt immer dann auf, wenn jemand entsprechend seinem Skript und entsprechend einem destruktiven Grundgebot (hier vielleicht „Sei nicht erfolgreich") etwas für sich Negatives erlebt. Mit dem Lachen wird dieses Negative verstärkt. Aus den Anfängen der neueren Psychologie wissen wir, daß alles, was in irgendeiner Weise belohnt wird (und Lachen wirkt als eine solche Belohnung), verstärkt wird und das macht es für die Zukunft wahrscheinlicher, daß dieses selbstdestruktive Verhalten auftritt.

In der transaktionsanalytischen Therapie machen wir unsere Klienten auf dieses Lachen aufmerksam, sobald es auftritt und regen sie an, es zunächst bewußt wahrzunehmen. Wir gehen dann einen Schritt weiter und wollen herausfinden, welche destruktive Grundbotschaft mit dem Lachen bestärkt wird. Wir unterstützen die Klienten bei einer Neuentscheidung, dem destruktiven Gebot nicht zu folgen.

Eine weitere Gruppe von Botschaften sind die sog. *„Antreiber"*.

Dies sind Botschaften, die oft in Form von Ratschlägen gegeben werden. Es sind fast „Erfolgsrezepte" darüber, wie man's auf der Welt schaffen kann. Sie stehen in Übereinstimmung mit der Kultur, in der jemand lebt, also hier mit der westlichen Kultur. Sie haben zwei „Pferdefüße". Während sie nämlich auf der einen Seite Rezepte darstellen, wie man's schaffen kann, enthalten Sie meist unterschwellig die Botschaft: „Eigentlich kannst Du es sowieso nicht schaffen, aber wenn du dich so und so verhältst, (das ist dann der Antreiber) dann kannst Du's vielleicht schaffen". Pferdefuß Nummer zwei ist die unterschwellige Botschaft: „Eigentlich bist Du grundlegend nicht o.k., Du kannst möglicherweise o.k. werden, indem Du dich so und so verhältst (Antreiber).

5 Antreiber sind in unserer Kultur verbreitet. Sie lauten:

1. Sei perfekt!

Eigentlich kannst Du es nicht schaffen und bist nicht o.k. Aber wenn Du in jeder Hinsicht perfekt bist, keine Fehler machst, dann bist du vielleicht o.k. und kannst es schaffen. Also: Sei perfekt.

Die anderen Antreiber folgen demselben Muster und lauten:

2. *Streng Dich an!*

3. *Mach voran!*
   (Du kannst es schaffen, wenn Du dich beeilst)

4. *Sei stark!*
   (Reiß Dich zusammen und zeig keine Gefühle)

5. *Erfüll die Erwartungen anderer Menschen und mach Ihnen Freude!*
   (nur dann bist Du o.k.)

Diese Antreiber werden verbal von den Eltern geäußert und in einem späteren Teil der Kindheit (nach dem 6. Lebensjahr und später) aufgenommen. Sie werden im Eltern-Ich gespeichert. In entsprechenden Situationen rufen wir diese Botschaften ab und verhalten uns ihnen entsprechend. Wenn wir diesen Antreibern in vielen Situationen folgen, weil wir glauben, nur dadurch o.k. sein und es schaffen zu können, handeln wir uns jede Menge Streß ein.

Machen wir uns nichts vor: jeder von uns kennt alle diese Antreiber. Gewöhnlich hat jeder von uns einen oder zwei Hauptantreiber, die besonders lästig sind. In transaktionsanalytischer Therapie lernen Klienten, wie sie diese Antreiber erkennen und außer Kraft setzen können. Eine Möglichkeit dazu ist, sich die entgegengesetzten Erlaubnisse zu geben. Hier sind einige Vorschläge:

Für „Sei perfekt": „Du bist o.k., auch wenn Du Fehler machst." „Du bist nicht perfekt, aber gut genug."
Für „Streng Dich an": „Du kannst es schaffen, ohne Dich anzustrengen."
Für „Beeil' Dich": „Du kannst Dir die Zeit nehmen, die diese Tätigkeit benötigt."
Für „Sei stark": „Du darfst auch mal schwach sein und Gefühle haben."
Für „Paß Dich an/Mach mir Freude": „Paß Dich Deinen eigenen Wünschen und Bedürfnissen an."

Ein Beispiel dafür, wie destruktive Grundgebote und Antreiber zusammenwirken, sind Menschen mit einem „beinahe"-Skript. Ein typischer, immer wiederkehrender Verlauf für einen Menschen mit diesem Skript ist es, Dinge anzufangen und eine Weile, oft unter großen Anstrengungen, weiterzuverfolgen, kurz vor dem (erfolgreichen) Ende jedoch aufzugeben und das Projekt nicht wirklich zu Ende zu bringen (z.B. indem er einfach damit aufhört, oder indem er einen Fehler kurz vor Ende einbaut, oder weil er vor lauter Anstrengung sich zu erschöpft fühlt, um weiterzumachen.) In der griechischen Sagenwelt gibt es eine Gestalt, die dem entspricht: Sisyphus. Das war derjenige, der unter großen Mühen einen Stein den Berg hinaufrollte, aber kurz bevor er oben war, rutschte er ab, der Stein rollte den Berg hinunter und er konnte von vorne anfangen („Fast hätt' ich's geschafft"). Dieses Skript durchdringt die Persönlichkeit derart, daß fast alles, was derjenige tut, nach diesem Muster abläuft, auch die Art zu sprechen. Er würde z.B. seine Sätze nicht ganz zu Ende ... ... Ich z.B. repariere die Autotüre, setze aber dann („ist mir jetzt zuviel Aufwand") den Fensterhebel nicht mehr richtig ein, sodaß er mir jedesmal entgegenfällt, wenn ich die Tür schließe. Hätte ich dieses Skript in allen Lebensbereichen, so hätten Sie jetzt dieses Buch nicht vor sich: es wäre zu 90% fertig und läge, nachdem ich mich einen Sommer lang schrecklich dafür angestrengt hätte, in meinem Schreibtisch und würde vor sich hin modern.

Menschen mit diesem Skript reagieren gewöhnlich auf den Antreiber „Streng Dich an" und die darunterliegende destruktive Grundbotschaft ist: „Schaff's nicht, sei nicht erfolgreich". Notwendig ist es hier, sich die *Erlaubnis zu geben, es schaffen zu dürfen, sogar ohne Anstrengung und mit Spaß,* und zu üben, begonnene Dinge, auch im kleinsten, zu einem erfolgreichen Ende zu bringen. Einen Klienten mit diesem Skript würde ich, vielleicht als ersten Schritt, auffordern, sich eine Liste von Dingen zu machen, die ihn im Moment piesacken, da sie zwar ziemlich, aber noch nicht vollständig zu Ende gebracht sind. Sich dann für jeden Tag eine Sache auszuwählen, die er unter allen Umständen zu einem erfolgreichen Ende bringen wird, und zwar unter Mitnahme aller Vergnügungsmöglichkeiten, die er dabei hat.

Vielleicht bemerkt der Klient große Widerstände, das zu tun, aber die Sache lohnt sich: Er weicht damit ein überkommenes, unglücklichmachendes Skript auf und schafft sich ein neues Muster, das befriedigender ist.

Lebensskriptentscheidungen treffen Menschen immer auf dem Hintergrund des Gesamteindrucks, den sie von der Welt (ein freundlicher oder scheußlicher Platz), den anderen Menschen („Diese Teufel" oder „diese wunderbaren Geschöpfe") und von sich selbst haben. Wie dieser Gesamteindruck gebildet wird, erfahren Sie nun im nächsten Kapitel.

Der Bezugsrahmen

Spätestens ab dem Zeitpunkt der Geburt wollen Menschen Antworten auf die Fragen:
Wer bin ich? (Was bin ich für eine(r)?)
Wer sind die anderen? (Was sind das für welche?)
Was für ein Platz ist die Welt?
Wie kann ich mit diesen Menschen und in dieser Welt zurechtkommen/überleben?

Aus den Antworten, die wir auf diese Frage bekommen, bauen wir uns die Art, wie wir die Welt, uns selbst und die anderen Menschen sehen. Dieses Gebäude nennen wir in der TA den *Bezugsrahmen.* Aus dem Bezugsrahmen leiten wir dann ab, wie wir uns in der Welt verhalten.

Wenn ich als Kind eines Mafiabosses, der frühzeitig umgebracht wurde, aufgewachsen bin, baue ich mir vielleicht folgenden Bezugsrahmen zusammen: Die Welt ist ein zu jeder Zeit extrem gefährlicher Platz. Man kann nur mit eigener Brutalität und mit einer ständig kampfbereiten Haltung überleben. Menschen sind unwichtig. Gefühle zu haben, ist gefährlich, sie schwächen meine Kampfbereitschaft. Gefühle anderer sind praktisch, ich kann sie nutzen, um deren Kampfbereitschaft zu untergraben. Ich bin nur wichtig, wenn ich Macht habe, usw.

Sobald wir einen Bezugsrahmen aufgebaut haben, wird er zu einem Filter, durch den wir die Welt und uns selbst sehen. Nur das, was in dem Bezugsrahmen vorformuliert ist, wird durchgelassen. Erfahrungen, die mit dem Bezugsrahmen unvereinbar sind, werden nicht durchgelassen. Im o.g. Fall werde ich z.B. nur noch die feindlichen Regungen der Menschen zwischeneinander wahrnehmen und freundliche, warme Regungen als „Trick, um mich zu kriegen" entwerten. Mein eigenes Verhalten wird auf diesen Wahrnehmungen aufbauen und ich werde meinerseits eine Gefahr für meine Umwelt werden.

Menschen haben die Neigung, an einem einmal erworbenen Bezugsrahmen mit (fast) allen Mitteln und um (fast) jeden Preis festzuhalten, selbst dann, wenn der alte Bezugsrahmen eine deprimierende Sicht der Welt, der Menschen und der eigenen Person beinhaltet und man schon lange in einer viel angenehmeren Welt lebt. Wenn sie mich in meiner Familie nicht gemocht haben, habe ich vielleicht als Teil meines Bezugsrahmens entwickelt: „Ich bin nicht liebenswert". Wenn nun einer kommt und sagt, „Jürgen, ich habe dich wirklich gerne," habe ich nur die Wahl, das in mich aufzunehmen, dann sprengt es meinen Bezugsrahmen. Oder ich behalte meinen Bezugsrahmen, dann muß ich das Kompliment irgendwie abwerten, indem ich es erst gar nicht höre, oder mir Geschichten erzähle wie: „Wenn der mich erst richtig kennen würde, würde er das nicht sagen". Wenn ich zusätzlich den Bezugsrahmen habe „Menschen versuchen immer, Dich über's Ohr zu hauen", erzähle ich mir vielleicht zusätzlich diese Geschichte: „Das sagt er jetzt nur, um mich zu was zu kriegen, was ich nicht will."

Diesen Vorgang, irgendeinen Aspekt von mir, einer anderen Person oder der Welt zu ignorieren oder in seiner Bedeutung zu vermindern, nur damit mein Bezugsrahmen erhalten bleibt, nennen wir in der TA *„Abwertung"*.

Was machen wir in der TA-Therapie mit dem Bezugsrahmen?

In transaktionsanalytischer Therapie lernen Klienten, negative Teile ihres Bezugsrahmens (solche, mit denen sie sich unglücklich machen, weil sie nicht mehr stimmen), zu erkennen, aufzuweichen, abzulösen und durch eine realistischere Weltsicht zu ersetzen.

Einen Klienten, bei dessen Problem sein Bezugsrahmen eine wichtige Rolle spielt, würde ich als einen ersten Schritt vielleicht zu der folgenden Übung auffordern:

Nehmen Sie sich ein Blatt Papier. Schreiben Sie als Überschrift: „Ich bin ein Mensch, der ..." und vervollständigen Sie diesen Satz ca. 10 – 15 mal. Beispiel: „Ich bin ein Mensch der ... sich anstrengen muß, um es zu schaffen, der es schwer hat mit anderen Menschen, dem niemand recht vertraut, usw." (Die Antworten auf diesen Satz geben dem Klienten einen ersten Einblick in diejenigen Teile seines Bezugsrahmens, er sich auf ihn persönlich bezieht, sowie auf einige der Abwertungen, die er häufig unbewußt vornimmt).

Ich würde fortfahren: Kreuzen Sie diejenigen Teile des Bezugsrahmens an, über die Sie unglücklich sind. Drehen Sie dann das Blatt herum und schreiben Sie für die angekreuzten Sätze das genaue Gegenteil davon auf, z.B.: „Ich kann's leicht haben und trotzdem schaffen. Ich bin sehr vertrauenswürdig und Leute bemerken das." Diese neuen Sätze nehmen Sie nun und befassen sich oft damit: Sie können sie in ein Tagebuch schreiben, auf kleinen Zetteln überall im Haushalt verteilen (hinter dem Spiegel, im Geldbeutel, an der Autotür). Sie können sie sich selbst sagen (vor dem Spiegel z.B.) oder sich von anderen Menschen sagen lassen.

Der Klient muß das am Anfang nicht glauben (wenn er's glauben würde, müßte er ja diese Übung nicht machen). Nach einiger Zeit der Übung aber wird sich der entsprechende Teil des Bezugsrahmens aufweichen, die Abwertungen werden weniger und die Klienten machen neue Erfahrungen, haben neue Erlebnisse, weil dieser Teil des Bezugsrahmens verschwunden ist.

Ebenso würde ich in der Therapie mit den anderen Bereichen des Bezugsrahmens verfahren: Je ein Blatt für: Menschen sind ... Die Welt ist ... Ich kann zurechtkommen und überleben, wenn ich ...

Die neuen, positiven Sätze sind unter Umständen auch nicht wahrer als die alten, negativen. Es geht hier nicht darum, sich wie in manchen Formen des „Positiven Denkens" Positives einzureden, sondern nur darum, ein Gegengewicht zu den unrealistischen, alten Einstellungen zu schaffen.

Was geschieht in Bezug auf Abwertung in der TA-Therapie?

Abwertungen treten zum Beispiel auch dann auf, wenn es im Leben Probleme gibt. Sie können dann verschiedene Schweregrade annehmen. Wenn z.B. jemand pro Tag eine Flasche Schnaps trinkt, hat er ein Problem und wird für die Umwelt zum Problem:

1. Die schwerste Form der Abwertung wäre es, das zu tun, was die meisten Alkoholiker tun, nämlich zu sagen: Es gibt kein Problem. „Was willst Du denn, ich trinke doch praktisch gar nichts."

2. Eine etwas geringere Form der Abwertung ist es, anzuerkennen, daß ein Problem da ist, es aber in seiner Bedeutung herabzumindern: „Ja, ich trinke schon eine Flasche Schnaps pro Tag, und es geht mir auch übel, aber an meiner Arbeitsstelle wird eben viel getrunken und außerdem kann ich jederzeit aufhören damit." (Was bei einer Flasche pro Tag eben nicht mehr so leicht geht).

3. Das Problem in seiner Bedeutung anerkennen, aber bestreiten, daß es lösbar ist. „Ja, mit einer Flasche Schnaps pro Tag bin ich körperlich abhängig, ich zittere auch jeden Morgen und meine Leber geht kaputt, aber was kann einer schon machen, wenn er an der Flasche hängt."

4. Das Problem in seiner Bedeutung anerkennen, ebenso anerkennen, daß es im Prinzip schon lösbar ist, aber die persönliche Fähigkeit, es zu lösen, herabmindern: „Ich bin Alkoholiker und es gibt viele, die wieder davon losgekommen sind, aber mir wird das nie gelingen".

In transaktionsanalytischer Therapie finden wir als Therapeuten zusammen mit den Klienten heraus, wo, wie und in welchem Grad sie für sich schädliche Abwertungen vornehmen. Wir konfrontieren (für Konfrontation als Methode s. das Methodenkapitel) Klienten mit ihren Abwertungen, um ihnen zu erleichtern, damit aufzuhören. In TA-Gruppen ermuntern wir die Teilnehmer, sich gegenseitig über ihre Abwertungen zu konfrontieren. Dies gilt auch für Selbstabwertungen (sich selbst kleiner, bedeutungsloser, unwichtiger machen).

Mit jeder Selbstabwertung stärken Menschen den „Ich bin nicht o.k."-Teil ihres Lebensskriptes. Sie reagieren damit auf alte Skriptbotschaften, wie „Denk nicht", „Fühl nicht", „Sei nicht da", „Sei nicht wichtig". Auf diese alten Botschaften mit Selbstabwertung zu reagieren, mag in den früheren Zeiten ihres Lebens eine sinnvolle Lösung gewesen sein, um z.B. Zustimmung/Zuwendung zu erhalten. In ihrem heutigen Leben funktioniert das nicht mehr: sie kriegen dadurch nicht, was sie brauchen, ja, sie gehen damit ihrer Umgebung womöglich sogar auf die Nerven.

Einem Klienten, der damit aufhören möchte, sich selbst abzuwerten und die Abwertungen durch selbstbehauptende Stellungnahmen ersetzen möchte, würde ich in der Therapie vielleicht (als ersten, kleinen Schritt) raten:

1. Setzen Sie sich auf einen Stuhl. Stellen Sie sich einen zweiten gegenüber. Setzen Sie sich in Gedanken auch auf den anderen Stuhl und beginnen Sie, Ihr Gegenüber (also sich selbst) abzuwerten. Machen Sie eine lange Liste aller Abwertungen, die Sie an sich vornehmen. (Frau S. wertete sich z.B. häufig innerlich so ab: „Du bist unfähig." Oder: „Du verstellst Dich ja nur gut und deshalb mögen sie Dich, wenn sie wirklich dahinterkämen, wie

verrottet Du im Innern bist, dann würden sie laut schreiend davonrennen.")

2. Schreiben Sie diese Dinge auf.
3. Formen Sie jeden dieser Sätze in sein genaues Gegenteil um. (Für Frau S. war das: „Du bist eine fähige, wertvolle Mitarbeiterin", „Im Grunde bist Du wie alle Menschen: im Kern liebenswert, auch wenn Du manchmal ein paar Mucken hast.")
4. Diese Sätze können Sie sich einprägen, indem Sie sie häufig schreiben, auf kleinen Zetteln überall verteilen, sie vielleicht auf Kassette aufsprechen, um sie beim Autofahren immer wieder zu hören. (Frau S. z.B. wollte, daß ich eine Kassette mit diesen Botschaften bespreche, die sie dann beim Autofahren laufen ließ.) Sie können sich diese Sätze, z.B. in Krisensituationen selbst sagen usw.

Dieses Verfahren ist als ein erster Schritt zu verstehen. Die dabei auftretenden inneren Widerstände, häufig genug Ergebnis von frühkindlichen Entscheidungen, können Klienten in transaktionsanalytischer Therapie aufspüren, durcharbeiten und so zu einem realistischeren Selbstbild gelangen.

Ein weiteres Beispiel für die Therapie bei Abwertungen

Verbreitete Formen von Selbstabwertung sind es, bei den Aufgaben, die das Leben stellt, „ich versuch's" oder „ich kann nicht" zu sagen. Menschen, die das sagen, haben etwas gemeinsam: Als sie klein waren, durften sie nicht nein sagen („Sag nicht nein" als destruktives Grundgebot). Sie haben als Kind gelernt, wenn sie etwas tun sollten, was sie nicht wollten, nicht nein zu sagen, aber es trotzdem nicht zu tun. Sie haben stattdessen zu sagen gelernt: „Ich versuch's" (aber es hat dann nicht geklappt, hähä). Vielleicht lernten sie auch „ich kann nicht" statt „ich will nicht" zu sagen (schließlich kann mir ja keiner vorwerfen, daß ich unfähig bin, vielleicht ist es ja sogar erblich bedingt). Jedesmal, wenn jemand „ich versuch's" oder „ich kann nicht" sagt, ist die Wahrscheinlichkeit groß, daß er eigentlich „ich will das nicht tun" sagen wollte (manchmal allerdings auch: „Ich hab Angst davor, das zu tun"). Für Kinder ist das ein großartiger Trick, elterlichen Forderungen aus dem Weg zu gehen. Der Nachteil für den Erwachsenen ist jedoch, daß man beginnt, sich so zu fühlen, wie man sich's vorsagt: nämlich als Schwächling („Ich kann's halt nicht, wirklich!!!) oder als Versager („Ich versuch's, aber es klappt nicht"). Die geheime Hoffnung und Befürchtung dabei ist, daß jemand anderer kommt, der größer, besser und gescheiter ist und es dann für mich tut (wiederum Einladungen zur Symbiose).

Einen Klienten, gerade wenn er unter Gefühlen des Versagens leidet, mache ich auf seinen Sprachgebrauch aufmerksam und fordere ihn zunächst auf, bewußt zu merken, wann und wie oft er „ich kann nicht" oder „ich versuch's" sagt. Dann beglückwünsche ich ihn für seine Beobachtungsfähigkeiten. (Dieser Schritt ist wichtig, weil die meisten sich eher beginnen würden für dieses Verhalten zu kritisieren. Kritik und Selbstkritik haben aber m.E. noch niemanden wirklich verändert.) Danach ermuntere ich den Klienten, „Ich versuch's/Ich kann nicht" durch: „Ich will nicht und ich werd's auch nicht tun" zu ersetzen, das auch ein paarmal laut zu sagen, und zu erwägen, wieviel von diesem Satz für ihn auch zutrifft. Er kann sich dann die Erlaubnis „Es ist in Ordnung für Dich, nein zu sagen" (oder, es ist in Ordnung, Angst auszudrücken) geben, oder, wenn ihm das lieber ist, sich diese Erlaubnis von mir geben lassen. „Draußen im Leben" kann er dann Nein-Sagen üben.

Transaktionsanalytiker konfrontieren also die Abwertungen ihrer Klienten, fordern dazu auf, diese Abwertungen zu stoppen und jeden Aspekt des Klienten, der Personen in seiner Umgebung und der Welt, in der er lebt, in dem ihm gebührenden Ausmaß anzuerkennen.

Passivität

Häufig verwenden Menschen ihre seelische Energie nicht auf Verhaltensweisen, die der Lösung eines anstehenden Problems dienen würde. Stattdessen wird die psychische Energie dazu verwendet, die natürliche Tendenz des Menschen, anstehende Probleme zu lösen, zu hemmen. (Wie wenn Sie im Auto von A nach B fahren wollen, aber Ihre Energie dazu verwenden, auf die Bremse zu treten. Dabei gibt es Reibungsverluste, die Bremserei stinkt, und Sie kommen nicht dort an, wo Sie hinwollen.) Dieses Verhalten nennen wir in der TA „Passivität".

Wir lernen das wiederum in der Kindheit, und zwar durch zwei Vorgänge: einmal, wenn wir nicht selbständig denken und handeln durften (wir also früher von außen gebremst wurden und das jetzt mit uns selbst machen) und/oder, indem wir bemerkt haben, daß jemand anders für uns den Dreck wegmacht, wenn wir lange genug arg genug uns gebremst, zwar dabei heftig geschwitzt, aber nix getan haben, also passiv gewesen sind. (Passives Verhalten lädt also zur Bildung von Symbiosen ein, siehe Abschnitt Symbiose).

Es gibt einige passive Verhaltensweisen, die auf den ersten Blick nicht gleich als solche zu erkennen sind. (Beispiele s. unten.) Diese zu erkennen und zu ändern, die eigene Fähigkeit zur Problemlösung wieder zu nutzen, ist auch Gegenstand der TA. Sie können passives Verhalten in aktives Problemlösungsverhalten umwandeln, und damit Ihr Leben leichter machen.

Transaktionsanalytiker machen Klienten oft auf folgende Verhaltensweisen aufmerksam, mit denen sie sich passiv machen, Energie verschleißen und Problemlösungen verhindern:

Jammern

Viele Menschen schicken ihre Energie in die Tätigkeit des Jammerns anstatt in die Lösung des bejammerten Problems. Ein Grund dafür mag in den Streicheleinheiten liegen, die man von Mitjammerern und Leidensgenossen bekommt, oder von Menschen, die jeder armen Seele helfen müssen. Wenn ich jammere: „Ich kann mir dieses Jahr keinen Urlaub am Mittelmeer leisten", so gibt es zwei Möglichkeiten, damit umzugehen: Erstens, indem ich meine Energie dahineinstecke, etwas extra Geld zu verdienen. Zweitens, wenn das nicht geht, eben einen Urlaub zu machen, den ich mir leisten kann und dafür zu sorgen, daß es ein schöner Urlaub wird. Jammern als an dieser Stelle passives Verhalten würde bewirken, daß ich keines von beiden tue.

Runterputzen

Runterputzen geht nach dem Prinzip: Es gibt hier ein Problem, und Person X ist daran schuld. Ich persönlich kann da gar nichts machen, aber wenn X sich ein kleines bißchen ändern würde, wäre alles besser

(Schließlich ist es X's Schuld und daher liegt es in seiner Verantwortung und seinen Fähigkeiten, was zu ändern). Runterputzen verleugnet die eigene Fähigkeit, etwas zur Lösung von Problemen beizutragen, verschiebt die Verantwortung oder die Lösbarkeit des Problems auf den anderen und versucht (währenddem man selbst passiv bleiben kann), den anderen zur Lösung des Problems zu bringen. Selbst wenn das funktioniert, nimmt's der Partner früher oder später übel und nichts ist gewonnen. Oder der Partner hat den gleichen Stil, die Energie verpufft im wechselseitigen Zuschieben von Verantwortung (wie Ping-Pong, und es gibt massive Bremsspuren auf der Beziehungsfahrbahn, es stinkt) und das Problem wird nicht gelöst und grinst sich eins.

Einem Klienten, bei dem passives Verhalten dieser Art im Vordergrund steht, würde ich, nachdem ich ihn darauf aufmerksam gemacht habe, und wenn er bereit ist, daran etwas zu ändern, etwa zu folgendem ermuntern:

1. Beobachten Sie Ihr Verhalten.
2. Wenn Sie sich beim Runterputzen oder Jammern ertappen, beglückwünschen Sie sich für Ihre Fähigkeit zur Selbstbeobachtung (Kritisieren Sie sich nicht, dadurch hat sich noch keiner wirklich verändert.)

3. Stoppen Sie sich beim Runterputzen/Jammern.
4. Nutzen Sie die freiwerdende Energie dafür, sich Antworten auf folgende Frage zu geben: „Was ist jetzt von mir zu tun, um die Situation glücklicher zu gestalten?"
5. Notieren Sie 5 dieser Antworten.
6. Führen Sie mindestens eine dieser Aktivitäten aus.

Sie haben nun einige unserer Konzepte und einige ihrer Anwendungen in der Therapie kennengelernt. Das nun folgende Kapitel wird Sie (anhand eines erfundenen Fallbeispiels) mit einer Auswahl gebräuchlicher TA-Techniken und -Methoden bekannt machen, die einen Klienten in TA-Therapie erwarten.

– 4 –
Einige transaktionsanalytische Methoden

In den vorherigen Kapiteln haben Sie einige der therapeutischen Methoden in der TA bereits kennengelernt. (Verbesserung des Haushalts von Streicheleinheiten, Verfügbarmachung aller Ich-Zustände, Beendung von Spielchen und Ausbeutungstransaktionen, Beendung von Passivität und Abwertungen, Aufweichen von schädlichen Bezugsrahmenanteilen, Arbeit am Lebensskript.)

Hier lernen Sie nun anhand eines Therapiebeispiels einige weitere grundlegende TA-Therapiemethoden kennen. Berücksichtigen Sie jedoch, daß es sich dabei nur um einen kleinen Teil unseres Repertoires handelt. Berücksichtigen Sie auch, daß die folgenden Methoden (bei aller Achtung, die ich der Selbsthilfe gegenüber habe) ein geschultes Gegenüber erfordern, und nicht zum Alleinenachmachen geeignet sind.

Sie haben bereits erfahren, daß wir in TA-Therapie zunächst mit Zielvereinbarungen beginnen. Der Klient sagt dem Therapeuten, was er in der Therapie erreichen will. Der Therapeut sagt dem Klienten, ob er ihn dabei unterstützen wird. Er regt ihn an, solche Ziele zu entwickeln, die erreichbar sind und diese so zu formulieren, daß er eine maximale Chance hat, da auch anzukommen. Die sich daraus ergebenden Vereinbarungen nennen wir *„Therapieverträge"*.

TA-Therapeuten werden als nächstes fragen, wie der Klient zum Leben steht, z.B., ob er sich entschieden hat zu leben, was immer auch in seinem Leben passiert. Wenn er diese Frage nicht mit einem klaren Ja beantworten kann, gehen wir davon aus, daß es einen Teil des Klienten gibt, der findet, daß er nicht leben will oder leben darf. Um die Therapie erfolgreich und sicher zu machen, schauen wir uns diesen Teil genau an (wie ist er entstanden, reagiert er etwa auf ein „Sei nicht"-Gebot?) und unterstützen eine Neuentscheidung zum Leben. Um diese Arbeit machen zu können, müssen wir jedoch sicher sein, daß der Klient sich nicht umbringen wird, selbst, wenn er sich danach fühlt. Wir schlagen ihm vor, eine Vereinbarung mit sich selbst (nicht mit uns) zu treffen, sich nicht umzubringen, selbst wenn er sich danach fühlt. Diese Vereinbarung nennen wir einen *„Antisuizidvertrag"*, und besprechen, welche Dinge der Klient tun kann, um sich in Gefahrensituationen zu schützen. (Ähnliche Verträge gibt es in Bezug auf „Verrücktwerden" und „andere Menschen gefährden/umbringen").

Im Verlauf der Therapie schlagen Transaktionsanalytiker oft sogenannte *Verhaltensverträge* vor, meist dann, wenn der Klient ein neues, bislang unerprobtes Verhalten einüben möchte. Der Klient führt diese Aktivitäten dann aus, und berichtet bei der nächsten Sitzung, wie es ihm dabei ergangen ist.

Bei Beratungs- und Therapieproblemen jeglicher Art ist es oft nützlich, für jeden der 5 Ich-Zustände einen Stuhl aufzustellen und von jedem der Ich-Zustände-Stühle aus zu dem Problem Stellung zu nehmen. Ein Beispiel:

Frau L. kommt wegen eines Entscheidungsproblems: Sie hat eine Arbeitsstelle, bekam jedoch kürzlich eine neue angeboten. Nun, sagt sie, könne sie sich zwischen den beiden nicht entscheiden. Sie möchte (Vertrag) eine Entscheidung treffen. Ich entschließe mich zur *5-Stuhl-Methode,* erkläre die Ich-Zustände, und frage:

(Kl: Klientin, Th: Therapeut)

Th: Mit welchem Ich-Zustand wollen Sie beginnen?
Kl: Mit dem Freien Kind.
Th: Was sagt ihr Freies Kind zu dem Jobwechsel?
Kl: Ich hätte Lust, mal was Neues zu machen, der Job würde Auslandsreisen mit sich bringen und ich wollte schon immer mal eine Zeit im Ausland arbeiten. Ich würde meinen Partner oft nicht sehen und darüber wäre ich traurig.
Th: Was sagen die anderen Ich-Zustände?
Kl: (Setzt sich in den Fürsorgliches-Eltern-Ich-Stuhl): Da wird zwar 'ne Menge Neues auf Dich zukommen, aber Du kannst das schon schaffen.
Th: Und das Kritische Eltern-Ich?
Kl: Du haust ja bloß vor den Problemen ab, die Du in deinem jetzigen Job hast, speziell mit Deinem Chef. Den neuen Job, den kriegst Du nie hin, Du machst ja eh immer alles falsch.

Kl: (wechselt in den Angepaßtes-Kind-Stuhl und beginnt einen Dialog mit dem Kritischen Eltern-Ich): Du hast recht, irgendwie mach ich immer alles falsch, und ich bin schon ein ziemlicher Feigling, und wenn ich mit dem alten Chef nicht zurecht komme, dann mit dem neuen auch nicht. (Zieht dabei den Kopf ein und die Stimme wird höher, klingt jünger.)

(Hier wird die eigentliche Blockade beim Entscheidungsproblem sichtbar: Das Kritische Eltern-Ich spricht ihr alle Fähigkeiten ab, das Angepaßte Kind glaubt das und Freies Kind und Fürsorgliches Eltern-Ich sind nicht stark genug, um sich durchzusetzen)

Th: Und das Erwachsenen-Ich?
Kl: Ich habe gute Chancen, den neuen Job zu bekommen. Mein Partner kann sicher manchmal mitfahren, wenn ich unterwegs bin, was mich wirklich hindert, ist, daß ich mich mit dem Kritischen Eltern-Ich selbst abwerte, und daß ich bei Autoritätsfiguren wie Chefs und so immer diese Ängste bekomme. Es wäre gut, dieses Problem zu lösen, bevor ich den neuen Job beginne.

Wir gehen also das Angstproblem mit dem Chef an.

Kl: Immer wenn ich mit meinem Chef rede, bekomme ich Angst und kann gar nicht mehr denken oder mich irgendwie verhalten. Ich fühle mich wie gelähmt.
Th: Was willst Du da an Dir verändern? (Zielt auf einen weiteren Therapievertrag).
Kl: (jammerig mit dem Ton: „dieser böse Unhold") Der tritt immer so machtvoll auf und macht diese zynischen Bemerkungen über Leute: (spricht über den Chef statt über das, was sie an sich selbst verändern möchte – Runterputzen aus der Opferhaltung).

Th: Es wäre gut, wenn er das ändern würde. Aber Dein Chef ist nicht hier in Therapie. Was willst *Du an Deinem Verhalten* ändern? (Konfrontation des Runterputzens und der Opfer-Haltung.)

Konfrontation ist ein wichtiger therapeutischer Vorgang in der TA. Dieses recht unerfreulich klingende Wort besagt etwas recht erfreuliches: der Therapeut macht den Klienten auf irgendeinen Aspekt seines Verhaltens aufmerksam, der im weitesten Sinne selbstschädlich ist oder durch das Lebensskript bewirkt wird. In unserem Beispiel konfrontiere ich also, daß die Klientin eine Opferhaltung einnimmt (ich armer Minus-Mensch) und gleichzeitig den Chef runtermacht (dieser Unhold ist noch viel mehr minus). Dinge, die in der TA häufig konfrontiert werden, sind: Spiel- und Racketeinladungen, Spielmuster insgesamt, die Rollen des Drama-Dreiecks, schädliche Bezugsrahmenanteile, Abwertungen, Passivität, Skriptlachen usw.

Weiter im Therapiebeispiel:

Kl: Ich will mich besser fühlen, wenn ich mit dem Chef zu tun hab. (Eine Zielrichtung, aber noch sehr unspezifisch, und damit zum Scheitern verurteilt, damit sie was davon hat, frage ich nach.)
Th: Wenn Du dieses Stück Therapie hinter Dir hast, was wird konkret anders sein?
Kl: Ich werde weiter von mir denken, „Ich bin eine fähige Mitarbeiterin", selbst wenn er kritisch guckt und zynische kleine Bemerkungen macht.
Th: Was noch?

Kl: Ich werde ihm in die Augen schauen und beim Sprechen auch meine Hände einsetzen. Ich werde gut durchatmen können und auf seine Fragen antworten, was nötig ist.

Th: OK (stellt dem Kl einen Stuhl gegenüber): Setz' mal im Geiste Deinen Chef da drauf und beschreib' mal, wie er dasitzt. (Wir wollen, daß Klienten nicht nur über das Problem sprechen, sondern daß das Problem, hier Angst, in der Therapiesituation stattfindet. Ich gebe also Gelegenheit, den Chef mit in den Therapieraum zu bringen.)

Kl: Er sitzt nicht, er steht. Er ist etwas größer als ich und rückt mir nahe auf die Pelle.

Th: Was spürst du jetzt?

Kl: Ich fühle die Angst kommen. Mein Herz schlägt schneller, ich kriege Schweißausbrüche und verkrampfe mich. Und es fühlt sich wie Nebel in meinem Kopf an. Ich weiß, ich könnte mich nicht wehren, wenn er mich einmachen würde ...

Th: Nimm mal dieses Gefühl: Angst, den Herzschlag, die Schweißausbrüche, den Nebel und den Gedanken „ich kann mich nicht wehren" ... und geh damit zurück in die Vergangenheit, ... in eine Zeit, als Du klein warst ..., bis eine Szene auftaucht, in der Du diese Gefühle schon mal hattest, vielleicht zum ersten Mal ... Vielleicht gibt es Bilder, die jetzt auftauchen ... Worte ... Körpereindrücke.

Diese Hinweise sollen der Klientin ermöglichen, sich in eine frühere Zeit ihres Lebens hineinzuversetzen und diese noch einmal zu durchleben, um herauszufinden, welche Schlußfolgerungen sie daraus gezogen hat, als sie klein war, und welche Entscheidungen sie getroffen hat. Das Zurückgehen und Erleben einer früheren Situation nennen wir Regression. *Regressive Arbeit* ist Bestandteil transaktionsanalytischer Psychotherapie.

Kl: Ich sehe mich mit meinem Vater im Geräteschuppen. (Hat geklappt. Oftmals, wenn die frühen Szenen zu schmerzhaft sind, erinnern sich Menschen nicht an sie und wir müssen oft lange warten, bis solche zum Vorschein kommen.)
Th: Geh mal so in die Szene hinein, wie wenn sie jetzt stattfinden würde, und sag: Ich bin jetzt mit meinem Vater im Schuppen und ...
Kl: ... und werde geschlagen. Er hat mir die Hände zusammengebunden und schlägt mich mit einem Stock.
Th: Warum?
Kl: Ich weiß nicht, es kann jederzeit passieren und ich weiß nicht, warum er das macht und was ich falsch gemacht habe. Es war alles falsch, was ich gemacht habe. (Vergleichen Sie das mit dem, was das Kritische Eltern-Ich in der 5-Stuhl-Arbeit vorhin gesagt hat.)
Th: Wie alt bist Du in der Szene?
Kl: Vielleicht 10 ...
Th: Sag dem Vater jetzt, was Du fühlst.

(Wir ermutigen den Ausdruck des Gefühls, damit die Szene voll nacherlebbar wird. Wenn alte Gefühle, die weggedrängt waren, wieder erlebt und ausgedrückt werden, braucht man sie zukünftig nicht mehr wegdrängen, ein spürbarer Energiegewinn und die Trennung von früherer und heutiger Situation *(psychische Dekontaminierung)* kann die Folge sein.)

Kl (weint): Ich kann mich nicht bewegen, ich kann mich nicht wehren und es tut furchtbar weh. Ich hab was falsch gemacht und weiß nicht was. (Weint weiter.)
Th (ich denke darüber nach, wie ich der 10-jährigen eine neue Erfahrung ermöglichen kann): Bist Du bereit, mich in diese Szene mit hineinzunehmen? (Ich entschließe mich, mich als Gegengewicht zum Vater anzubieten, also ein Stück neues Eltern-Ich aufzubauen.)

Kl (etwas erleichtert): Ja.
Th: Würde ich Dich schlagen?
Kl: Nein, bestimmt nicht.
Th: Was Dein Vater da tut, ist nicht recht (Neue Eltern-Botschaft an die 10-jährige). Wäre ich stark genug, um Deinen Vater zu hindern?
Kl: Ich weiß nicht, mein Vater war körperlich ziemlich stark.
Th: Wären Du und ich zusammen stark genug, um ihn zu hindern, Dich zu verhauen?
Kl: Ja, das würde gehen.
Th: Stell Dir also die Szene nochmal vor. Diesmal bin ich mit drin, und wir hindern den Vater, Dich zu verhauen.
Kl: (Schließt die Augen, um sich's besser vorstellen zu können.)
Th: Ich möchte, daß die 10-jährige in Dir hört, was ich jetzt zum Vater sage: „Es ist nicht recht, was du da tust, hör sofort auf damit, sofort. Das hat die Kleine nicht verdient. Sie hat auch nichts falsch gemacht. (Verstärkung der neuen Botschaft, mit dem Ziel, den „inneren Vater" im Eltern-Ich zu stoppen.)
Kl: (atmet auf, sitzt aber weiter mit verschränkten Händen da)
Th: Was ist mit Deinen Händen?
Kl: Sind noch zusammengebunden.
Th: Stell Dir vor, Du befreist Dich.
Kl: (bewegt die Hände, atmet prustend, beißt Zähne so aufeinander, daß die Backenmuskeln hervortreten.)
Th: Was spürst Du jetzt?

(Durch das Durcherleben der alten Szene, den Neuaufbau eines Stückchens positiven Kritischen Eltern-Ichs, das den „inneren Vater" stoppt und Fürsorglichen Eltern-Ichs, bahnt sich etwas Neues an. Die Seele hilft sich selbst.)

Kl: (leise, zwischen den Zähnen hervor) Ich bin so wütend, ich könnte ihn umbringen. Und ich hab Angst, daß ich es wirklich tun könnte, oder daß er mich umbringt. (Nach so langer Zeit ist mörderische Wut aufgestaut. Der Gedanke, wirklich jemand umzubringen, hält sie aber davon ab, ihre Wut bewußt zu spüren und auszudrücken.)
Th: Ich bin weiter mit Dir in der Szene. Stell Dir die Szene so vor, daß Du Deine Wut ausdrücken kannst, ohne daß irgendwem was passiert.
Kl: Ich stell mir vor, daß Du mich an den Schultern zurückhälst und aber dem Vater weiter sagst: Stop, hör auf damit, das Mädchen zu hauen.
Th: (stellt sich hinter die Kl, hält sie bei den Schultern) Und jetzt sag ihm, wie wütend Du bist.
Kl: Ich bin so zornig, daß Du mich so mißhandelt hast, ich könnte Dich umbringen.
Th: Machst Du nicht ... (ich stoppe nochmal den Teil, der versuchen könnte, körperlich gewalttätig zu werden) sag: ich bin wütend, mach dabei Fäuste und werd' lauter.
Kl: Ich bin wütend.
Th: Nochmal.
Kl: Ich bin wütend.
Th: Lauter.
Kl: Ich bin wüüütend! (tobt eine Weile, Ausdruck der alten Gefühle, nach einiger Zeit:) Ich laß mir das nicht mehr gefallen. Nie mehr. (Das ist eine Neuentscheidung, eine Umentscheidung der alten Vorstellungen: Ich kann mich nicht wehren, meine Gefühle zählen nicht.)
Th: Sind die Hände jetzt frei, sodaß Du Dich wehren kannst?
Kl: Ja, toll! (Auch dic freie Bewegung der Hände ist ein körperlicher Teil einer Neuentscheidung.)
Th: Dann sag das gleiche jetzt mal zu Deinem Chef: „Ich laß' mir nicht ..."
Kl: (Fäuste, brüllt:) Ich laß mich nicht mehr runtermachen von Ihnen, ich werd mich nicht mehr vor Ihnen ver-

stecken, ich werd's Ihnen zeigen, daß mit mir zu rechnen ist. (Ausdruck der gegenüber dem Chef zurückgehaltenen Gefühle und Übertragung der Neuentscheidung in die Gegenwart.)
Th: Gut. Wirst Du Dich selber runtermachen und innerlich hauen und dich fesseln? (Spreche ihre Eigenverantwortung an)
Kl: Nee, das schon gar nicht mehr.
Th: Gut. wie könntest Du das, was du hier gerade gemacht hast, in die wirkliche Begegnung mit Deinem Chef hineintragen. Willst Du da schreien: Ich bin wütend!? (Wie kann die Neuentscheidung praktikabel gemacht werden?)
Kl: Tät mir gut, aber das wär dann das letzte, was ich in diesem Job täte.
Th: Was wäre möglich, um Dich zu erinnern?
Kl: Ich könnte erst die Hände zusammennehmen, um mich an mein altes Verhalten zu erinnern, und sie dann genüßlich auseinandernehmen und zu mir sagen: „Heute kann ich mich wehren, ich brauch' mich nicht mehr selbst zu fesseln." Und ich könnte heimlich eine Faust ballen und notfalls innerlich schreien, daß ich wütend bin und mir das nicht bieten lasse.
Th: Probier's mal hier in der Fantasie aus. Wann triffst Du den Chef das nächste Mal?
Kl: Dienstagmorgen haben wir Teambesprechung.
Th: Gut, Du bist bei der Teambesprechung ... und Dein Chef macht eine seiner abwertenden Bemerkungen ... und Du nimmst die Hände auseinander und ballst eine Faust und sagst: ich laß mir nicht ... Funktioniert das?
Kl: Ja, ich kann ihm in die Augen gucken und einen Vorschlag bringen, den ich schon lange machen wollte.
Th: Glückwunsch.

Solche (Trans)aktionen, die sich auf das innere Kind des Klienten richten, in der Absicht, ein neues Stück Eltern-Ich aufzubauen, neue Eltern-Botschaften zu geben, nennen wir *„Beelterung" oder Beelterungsmethoden"*. Sie spielen eine große Rolle in der TA. In diesem Falle handelt es sich nur darum, ein kleines neues Stück in das Eltern-Ich des Klienten einzufügen, neu dazuzufügen. Häufig treffen unsere Klienten jedoch auch Vereinbarungen, ganze Kindheitsabschnitte nochmal durchzuerleben und neue, notwendige Elternbotschaften und -erlaubnisse aufzunehmen. Im Extremfall kann die ganze Kindheit nochmals mit neuen Elternbotschaften durcherlebt werden. Dabei wird das gesamte alte Eltern-Ich durch ein neues ersetzt. Dieser Vorgang spielt bei der transaktionsanalytischen Psychotherapie von Psychosen (z.B. Schizophrenie) eine große Rolle. Eine ganze Schule innerhalb der TA baut auf dieser Methode auf, die *Neubeelterungsschule,* mit ihrer Begründerin Jaqui Schiff.

Solche (Trans)aktionen, die sich auf das Durcherleben der alten Szenen, Schlußfolgerungen, Entscheidungen richten und damit Neuentscheidungen ermöglichen sollen, nennen wir *Neuentscheidungstherapie.* Es handelt sich dabei um eine zweite der großen Schulen innerhalb der TA. Sie wurde von Robert und Mary Goulding begründet. Im obigen Beispiel sehen Sie eine Mischung von Elementen beider methodischer Richtungen.

– 5 –
Therapiewege bei einigen Problembereichen

In diesem Kapitel lernen Sie eine Reihe von Problembereichen kennen, bei denen transaktionsanalytische Therapie hilfreich sein kann. Ich schildere, wie ich mir einige Grundlinien der Therapie des jeweiligen Problems vorstelle. Diese Aufstellung soll einen ersten Eindruck vermitteln. Sie ist keineswegs vollständig. Da die TA ein Verfahren ist, das tiefenpsychologische, verhaltensorientierte und kommunikationspsychologische Elemente umfaßt, kann es bei fast allen psychischen Problembereichen von Nutzen sein.

Depression

Als Transaktionsanalytiker sehe ich die meisten Formen von Depression als nicht geglückte Reaktionen auf Verluste, die ein Mensch in seinem Leben hinnehmen muß. Hier muß gefragt werden: Was ist denn eine geglückte Reaktion auf einen Verlust?

Wenn z.B. ein naher Angehöriger stirbt, durchlaufen wir als Menschen verschiedene Phasen der Trauer.

Wir bemühen uns zu verstehen und anzuerkennen, daß dieser geliebte Mensch gestorben ist und nichts und niemand ihn wiederbringen kann.

Wir haben eine Menge Gefühle, weinen oft. Manchmal sind wir wütend: es ist nicht fair, daß jemand so früh gehen mußte! Es ist nicht fair, so alleine gelassen zu werden.

Wir erinnern uns an frühere Situationen, als der Tote noch gelebt hat. Von heute aus betrachtet, hätten wir damals manchmal gerne anders gehandelt, etwas anderes gesagt. Manchmal sprechen wir innerlich mit der (damals noch lebenden) Person: „Du, ich wollte Dir noch sagen, wie gerne ich Dich habe." Aber auch „Obwohl ich Dich gerne hatte, ist mir immer auf die Nerven gegangen, wenn Du ... und das habe ich Dir nie gesagt". Auf diese Weise bringen wir Dinge zu Ende, die in unserer Beziehung noch unabgeschlossen waren.

Wir verabschieden uns von dem Toten.

Und schließlich erkennen wir an, daß wir selbst noch am Leben sind und es genießen werden. Manchmal machen wir an diesem Punkt ein kleines Ritual oder ein Fest (so wie ursprünglich der „Leichenschmaus" gedacht war).

Diese „Trauerphasen" nehmen ihre Zeit in Anspruch, und sie gehören zu einer geglückten, gesunden Verarbeitung von Verlusten jeglicher Art (auch Trennung vom Partner, Verlust eines Beines beim Autounfall, Verlust eines Jobs, von Zukunftsperspektiven, usw.).

Zu Schwierigkeiten und Depressionen kommt es, wenn wir diese Trauerphasen nicht vollständig durchlaufen. Manche von uns lassen die Toten nicht sterben; auch nach 10 Jahren decken sie noch den Tisch für den Verblichenen. Andere finden sich zwar mit der Tatsache des Verlustes ab, finden ihre Trauer oder ihre Wut darüber jedoch so unerträglich, daß sie ihr Herz hart machen, um diese Gefühle nicht zu spüren. Andere führen die oben erwähnten unabgeschlossenen Geschäfte nicht zu Ende. Sie haben dann vielleicht oft Alpträume, in denen der Tote erscheint. Wieder andere vergessen, sich dem Leben wieder zuzuwenden.

Ein Trauerprozeß ist nicht abgeschlossen, wenn die Trauer auch nach Jahren nicht weniger wird; wenn man Trauer und Wut nicht spürt, sondern bemerkt, daß man sich verhärtet hat, gefühllos oder depressiv geworden ist; wenn man fortgesetzte Stimmungen von Depressionen, Hoffnungslosigkeit oder Verzweiflung hat.

Ein Teil einer transaktionsanalytischen Therapie der Depression besteht darin, herauszufinden, welche Verluste eingetreten sind, und zu einem vollständigen Trauerprozeß beizutragen. Dabei müssen Therapeut und Klient sich oft mit den Skriptbotschaften auseinandersetzen, die gegen Gefühle gerichtet sind: „Sei nicht wütend!" „Sei nicht traurig!".

Ein weiteres Kennzeichen von Depression ist, daß die Betroffenen ihr Bedürfnis nach Streicheleinheiten nicht befriedigen. In der Therapie schaue ich mit den Klienten nach, welche der grundlegenden Fähigkeiten im Umgang mit Streicheleinheiten blockiert sind. Sie bekommen Gelegenheit, diese dann zu üben. Außerdem besprechen wir, was zu tun ist, um im Alltag zu mehr positiver Zuwendung zu kommen.

Ein drittes gemeinsames Element bei allen Depressionen ist, daß der Betroffene keine klare Entscheidung zum Leben getroffen hat. Sein Lebensskript enthält die Botschaft oder die Entscheidung, nicht leben zu dürfen oder zu wollen. Diese Skriptentscheidungen wurden in der Kindheit getroffen. Sie werden heute meist dadurch ausgelebt, daß der Betreffende unbewußt ausweglose Situationen in seinem Leben schafft, in der offener Selbstmord oder verdeckte Formen davon (z.B. Rauchen oder Krankwerden) als einzige Lösung erscheinen. Der Suizidimpuls ist daher meist als Reaktion auf Kindheitssituationen, nicht so sehr auf die heutige Lebenssituation zu verstehen. Als Transaktionsanalytiker suchen wir mit dem Klienten die Situationen auf, in der die Suizidentscheidung ursprünglich getroffen wurde, und unterstützen eine Neuentscheidung. Während wir an diesen Themen arbeiten, kann es sein, daß der Klient durch eine selbstmordgefährdete Phase hindurchgeht. Wir können nur dann in ambulanter Therapie arbeiten, wenn wir wissen, daß der Klient sich selbst dann nicht umbringen wird, wenn er sich danach fühlt. Wir regen daher bereits am Anfang der Therapie an, daß Klienten eine ausdrückliche

Vereinbarung (auch eine Art von Vertrag) mit sich selbst abschließen, sich nicht umzubringen.

Minderwertigkeitsgefühle

Menschen fühlen sich minderwertig,

1. *wenn sie zu wenig bedingungslose Liebe/Zuwendung bekommen.* Leute, die angefüllt sind mit bedingungsloser Liebe und Zuwendung fühlen sich nicht minderwertig. Genügend mit Zuwendung genährt bin ich, wenn diejenigen, die mich lieben, mir das auch sagen, und ich höre, daß sie es sagen. Welche Fähigkeiten notwendig sind, was man in der TA üben kann, haben Sie in dem Abschnitt über Zuwendung erfahren. Ein Teil transaktionsanalytischer Therapie von Minderwertigkeitsgefühlen baut auf dem freien Umgang mit Streicheleinheiten auf.

2. *wenn sie nicht gut mit ihren Leistungszielen umgehen.* Unsere Gesellschaft baut auf Leistung auf und bewertet sie über. Kaum einer aber lernt einen vernünftigen Umgang mit Leistung. Als guten Umgang mit Leistung sehe ich an:

a) sich selbst gut definierte, erreichbare Ziele zu setzen. Wenn Menschen sich zu umfassende, schwammige oder zu hohe, unerreichbare Ziele setzen, oder sich in ihren Zielsetzungen ausschließlich durch die Erwartungen anderer (die sie sich oftmals noch dazu einbilden) bestimmen lassen, können sie ihre Ziele nicht erreichen und enden mit unangenehmen Gefühlen wie Minderwertigkeit und Erfolglosigkeit.

b) sich selbst wirklich wissen zu lassen, wann man das selbstgesteckte Ziel erreicht hat. Manche lassen sich nicht wissen, wann sie angekommen sind. Das macht müde und niedergeschlagen.

c) das Erreichte anzuerkennen und sich darüber zu freuen, zu rasten, ohne gleich das nächste Ziel in Angriff zu nehmen. Manche machen sich unglücklich, indem sie Ziele zwar erreichen, dann aber ausblenden, daß sie sie erreicht haben (eine Abwertung), und gleich nach dem nächsten Berg schielen, der vor ihnen steht, und den sie besteigen zu müssen glauben.

Zusammengefaßt: als Transaktionsanalytiker unterstütze ich Klienten darin, klare, erreichbare, angemessene Ziele aufzustellen, auszuwerten, ob sie erreicht wurden und das Erreichthaben anzuerkennen.

3. *wenn Sie sich, oft entsprechend früher Grundgebote und Einschärfungen, selbst abwerten.* TA-Therapie hilft Klienten zu erkennen, wann sie sich abwerten (ist oft nicht bewußt und nur für Außenstehende zu erkennen), damit aufzuhören und die abwertenden Botschaften/Einstellungen durch neue, positivere zu ersetzen.

Soziale Ängste

Soziale Ängste sind solche, die im Zusammenhang mit sozialen Situationen auftreten: die Angst, in öffentlichen Versammlungen zu sprechen und sich dabei zu blamieren. Die Angst, die aufkommt, wenn mein Chef zur Tür hereintritt. Die Angst, andere Menschen könnten mich für lächerlich oder für einen Versager halten. Die Angst vor Prüfungen jeglicher Art, usw.

Als Transaktionsanalytiker mache ich hier zunächst etwas, was Angehörige anderer Therapieschulen auch tun. Ich nehme an, daß es nicht die Situation selbst ist, die Angst macht (z.B., wenn ich einen öffentlichen Vortrag halten soll). Vielmehr sind es die Gedanken, die ich mir über diese Situation mache, die diese Angst auslösen (z.B. „Unter den Zuschauern gibt es sicher ganz kritische und die werden alle Schwachpunkte meiner Rede bemerken, mich öffentlich bloßstellen, alle werden denken: was für ein unfähiger Knopf, in welcher Lotterie hat der denn seine Stellung gewonnen und vielleicht werfen sie mich noch raus oder verwenden mich nur noch als Briefbeschwerer". (Auch wenn dieses Beispiel Ihnen einen Lacher entlockt, habe ich damit bewiesen, was ich wollte: wir machen uns unsere Gefühle durch die Gedanken, die wir uns über eine Situation machen.)

Da wir es selbst sind, die sich solche Gedanken machen, daß es uns angst und bang wird, können wir diese Gedanken aufspüren, uns bewußt machen und durch solche neuen ersetzen, die uns besser fühlen lassen. Es geht dabei nicht darum, sich irgendeinen rosaroten Quark zu erzählen, sondern darum, sich solche Gedanken zu erarbeiten, die durchaus plausibel sind und die man glauben kann, auf die man aber vorher nicht (alleine) gekommen wäre. Im obigen Beispiel: „Ich habe mich gut vorbereitet, und selbst, wenn ich Fehler mache, bin ich immer noch gut genug für diesen Job." In der TA-Therapie würden wir mit Ihnen solche Gedanken erarbeiten und üben, die mit Ihrer Persönlichkeit vereinbar sind.

Viele der angstmachenden Gedanken entstammen einem kritischen oder uneffektiven Eltern-Ich oder sind gedankliche Wiederholungen von Kindheitsszenen, in denen angemessene Beelterung fehlte. Eine der unwirksamsten Eltern-Ich-Reaktionen bei Angst ist: „... aber Du brauchst doch gar keine Angst haben." Menschen, die das zu sich sagen, spüren gewöhnlich noch mehr Angst. In der Auswahl der angstbewältigenden Gedanken achte ich darauf, daß sie sinnvolle (Selbst)beelterungen enthalten. In unserem Beispiel enthält das die Erlaubnis, Angst zu haben: „Ja, Jürgen, ich sehe und spüre, daß Du Angst hast, und es ist völlig in Ordnung, Angst zu haben." Danach würden die weiteren Sätze folgen, die man sich erarbeitet hat.

Ein weiterer TA-Weg zur Angstbewältigung ist es, herauszufinden, wie weit die Erfahrung von Angst, z.B. vorm öffentlichen Reden, zurück in die Vergangenheit des Klienten geht. Wenn ich den Klienten frage: „Erinnern Sie sich noch an die Zeit, als Sie 5 Jahre alt waren", wird er vermutlich sagen: „Nein, dazu habe ich keinen Zugang mehr". Um Gefühle, die gegenwärtig Probleme machen, an ihren Ursprung in der Vergangenheit zurückzuverfolgen, benötigen wir bestimmte Methoden und Techniken, die man „regressive Methoden" nennen kann. In der einfachsten Form würde ich den Klienten auffordern, die gegenwärtige Problemsituation nochmals durchzuerleben („Stellen Sie sich vor, es ist der Beginn des Vortrags, Sie werden begrüßt, vorgestellt und sollen nun beginnen"), und die dabei aufkommenden Gefühle und Körperwahrnehmungen zu beschreiben (z.B. Pulsschlag, Schweißausbrüche, Beklemmung im Hals). Ich würde dann sagen: „Nehmen Sie diese Gefühle und gehen Sie damit in die Vergangenheit, bis Sie in einer Szene ankommen, wo Sie klein waren und dieses Gefühl schon einmal hatten, vielleicht zum ersten Mal." In vielen Fällen können Klienten dadurch zu Bildern, gesprochenen Sätzen, Körpererinnerungen wie z.B. Schläge usw. zurückfinden und eine alte Szene beschreiben, in der das Angstgefühl schon einmal auftrat.

Die meisten sozialen Ängste scheinen dabei auf Szenen im Grundschulalter, meistens in der Schule, zurückgehen.

In der alten Szene interessieren wir uns für die alte Erfahrung (z.B., daß jemand ausgelacht wurde), destruktive Grundgebote, die gegeben wurden („sei nicht erfolgreich"), alte Schlußfolgerungen, die gezogen wurden („Ich schaff's doch nie, ihre Anerkennung zu bekommen"). Wir fordern den Klienten dann auf, in die heutige Zeit zurückzukommen und zu vergleichen, ob diese Schlußfolgerungen heute noch angemessen sind: „Die haben gelacht und mich entmutigt, wenn ich erfolgreich war, ich konnte machen, was ich wollte, bei denen konnte ich es nicht schaffen. Heute aber wollen Menschen mich erfolgreich sehen, niemand lacht, solange ich keine Witze einbaue und heute kann ich's schaffen". Der Vergleich der heutigen Situation mit der ursprünglichen Angstsituation und wieder zurück wird oft als erleichternd empfunden und wirkt therapeutisch.

Eine andere transaktionsanalytische Variante ist es, die soziale Angst als Ersatzgefühl zu behandeln und zu schauen, welches Gefühl in der Ursprungssituation unterdrückt wurde. Oftmals war es das Gefühl von Wut, das in der alten Szene, z.B. gegenüber einem Lehrer nicht ausgedrückt werden konnte. Angst trat an die Stelle dieser nicht ausgedrückten Wut. Wenn ein Angstklient in der alten Szene diese Wut ausdrücken kann (z.B. gegenüber dem Lehrer) (und wir unterstützen ihn nach Kräften dabei), macht er gewöhnlich die Erfahrung, daß sich seine Angst, z.B. vorm öffentlichen Reden, verringert. (Vgl. das Fallbeispiel im Methodenkapitel.)

Dies ist natürlich nur ein kurzer Abriß über die transaktionsanalytische Arbeit mit sozialen Ängsten. Mit jedem Klienten erarbeiten wir ein persönliches Vorgehen zu deren Bewältigung.

Psychosomatische Krankheiten am Beispiel Krebs

Psychosomatische Krankheiten im weitesten Sinne sind solche körperlichen Krankheiten, an deren Entstehung und Heilung seelische Einflüsse erheblich mitbeteiligt sind (z.B. Magenschleimhautentzündungen). Auch Krebs in seinen verschiedenen Formen sehe ich so.

Um solche Krankheiten verstehen und heilen zu können, erscheint mir eine ganzheitliche Sichtweise angebracht.

Hierin unterscheide ich folgende Bereiche des menschlichen Daseins.

1. Den körperlich-materiellen Bereich
2. Den psychischen Bereich
3. Den spirituellen Bereich

In jedem dieser Bereiche haben Menschen Grund- und Überlebensbedürfnisse. Im körperlichen Bereich z.B. das Bedürfnis nach Nahrung, die gesund und giftfrei ist. Nach natürlicher Umwelt. Nach Schlaf, nach Ruhe, wenn man krank ist. Im psychischen Bereich nach Zuwendung, nach Intimität, nach menschlicher Bindung, nach Ausdruck dessen, was gefühlsmäßig vorgeht. Im spirituellen Bereich das Bedürfnis nach Sinnhaftigkeit und Sinnorientierung des eigenen Lebens, nach Ausdruck des inneren Wesenskerns. Sind diese Bedürfnisse grundlegend befriedigt, ist Gesundheit die Folge. Werden sie jedoch längere Zeit mißachtet und nicht befriedigt, so kommt es zu Symptomen und Krankheitsanzeichen und später zu schwerer Krankheit.

Im Bereich „Psyche" hat sich zum Verständnis von Krebs das Modell des Therapeutenpaars Simonton bewährt. Aus diesem Modell kann man ableiten:

1. Krebs entsteht durch fortgesetzte Streßsituationen/ schädliche Dauerbelastung.

Unter Streß verstehe ich hier zunächst alltagssprachlich z.B. Tieffluglärm, berufliche Dauerbelastung, die Reizüberflutung in unserer Gesellschaft. Bei Krebs hat sich gezeigt, daß Verluste wichtige Stressoren sind (fast alle Kranken berichten von Verlusten wichtiger Bezugspersonen 1–2 Jahre vor der Diagnose).

2. Nicht die Streßsituationen allein, sondern die Verarbeitung des Ereignisses durch den Menschen spielt eine wichtige Rolle.

Es hat sich dabei folgendes gezeigt: wird ein Verlust in Form von Trauer, Wut usw. verarbeitet (siehe Trauerphasen im Kapitel über Depressionen), so ist die Wahrscheinlichkeit, daß jemand nach dem Verlust die Krankheit bekommt, gering. Bei Menschen, die Krebs haben, zeigt sich jedoch, daß sie Verluste und andere Stressoren immer wieder in Form von Depressionen, Gefühlen von Hoffnungslosigkeit, Hilflosigkeit, Verzweiflung und Ausgebranntsein verarbeiten. Wie im Kapitel über Ersatzgefühle geschildert, entstehen diese Gefühle aus der Verdrängung/Leugnung der grundlegenden Basisgefühle. Aber damit nicht genug: Auch diese Gefühle werden wiederum geleugnet („Es geht mir gut", antwortete z.B. eine junge Frau in einem Gespräch, nachdem sie gerade geschildert hatte, daß innerhalb zweier Monate ihr Vater in einem Verkehrsunfall gestorben war und ihr Freund sich umgebracht hatte). Allgemein gesprochen:

3. *Streß wird ungenügend verarbeitet, wenn Gefühle und grundlegende Bedürfnisse fortgesetzt verleugnet werden.*
4. *Dieser schlecht verarbeitete Streß wird in den Körper übersetzt und bewirkt dort, daß viele Krebszellen entstehen können (die Anfälligkeit gegen krebserzeugende Substanzen wird größer) und gleichzeitig, daß das körpereigene Abwehrsystem geschwächt/unterdrückt wird.*

Wenn wir von psychotherapeutischer Seite eine Heilung von Krebs unterstützen wollen, können wir daher fragen:

1. Wie können Klienten Streßsituationen vermindern?
2. Welche psychische Faktoren behindern einen geglückten Umgang mit Stressoren?
3. Welche psychischen Faktoren behindern eine geglückte Befriedigung grundlegender Überlebensbedürfnisse?

Transaktionsanalytische Hilfen lassen sich z.B. aus dem Konzept des Lebensskriptes ableiten. Folgende destruktive Grundgebote habe ich in der Arbeit mit Krebskranken immer wieder gefunden:

1. Sei nicht: in Ihrer Herkunftsfamilie waren sie oftmals nicht erwünscht. Wenn man sich entschieden hat „Besser, es gäbe mich nicht", wie soll man dann gesund werden, wenn man krank ist?

2. Spür nicht: Wenn man seine grundlegenden Körperreaktionen nicht spüren darf, z.B. Müdigkeit oder Anzeichen einer Erkältung, dann neigt man dazu, sich fortgesetzt zu überfordern.

3. Fühl nicht: Bei Frauen, die Brustkrebs haben, ist z.B. der Ausdruck von Wut oft eingeschränkt. Wenn man aber nicht wütend werden darf, kann man keine Grenzen setzen, läßt sich alles aufbürden und neigt zum chronischen Überlastetwerden.

4. Sei nicht wichtig: andere, so denken sie, seien wichtiger als sie.

Typisch für Krebskranke ist außerdem, daß sie alle Antreiber unserer Kultur in extremem Ausmaß befolgen, auch wenn sie bereits krank sind:

1. Sei perfekt: „Nur mit perfektem Ernährungsplan überlebe ich". *2. Streng Dich an:* Bei Entspannungsübungen z.B. strengen sie sich an, um sich zu entspannen. *3. Beeil Dich:* „Ich muß schnell machen, sonst überlebe ich's nicht. *4. Sei stark:* „Ich darf keine Gefühle über meine Krankheit haben". *5. Paß Dich an/ mach's mir recht:* „Ich muß so tun, als wär' alles in Ordnung mit mir, damit's anderen nicht schlecht geht". Das Befolgen der Antreiber bewirkt, daß praktisch jede Lebenssituation zu einer Streßsituation gerät.

Transaktionsanalytische Therapie der Krebskrankheit kann so vorgehen:

1. Verminderung des Gesamtstresses durch Entspannungsübungen.
2. Verminderung der Streßauswirkungen durch Therapie mit den Antreibern. Diese würden zunächst bewußt gemacht, Erlaubnisse würden gegeben („Du bist in Ordnung und kannst es schaffen, auch wenn Du Fehler machst"), und Neuentscheidungen würden unterstützt („ich bin o.k., auch wenn ich Fehler mache.")
3. Die Beachtung und der Ausdruck grundlegender Gefühle, Bedürfnisse und Körperreaktionen wird durch Arbeit an den destruktiven Grundgeboten

und Entscheidungen unterstützt. („Ich hab ein Recht, dazusein, zu spüren, zu fühlen. Ich bin wichtig. Ich bin o.k., auch wenn ich Grenzen setze und mich nicht überlasten lasse.")

Somit gibt TA eine Orientierungshilfe bei der Behandlung von Krebs. Bei anderen psychosomatischen Erkrankungen wird man den Schwerpunkt anders setzen: So stünden z.B. bei der Behandlung einer chronischen Migräne nicht so sehr das Thema „Verlust", sondern die Themen „Wut auf Autoritätspersonen" und „Neid" sowie „Konkurrenz" im Vordergrund. Das Konzept des Lebensskriptes kann aber Verständnishilfe und therapeutische Anleitung bei der Bewältigung vieler psychosomatischer Krankheiten bieten.

TA-Behandlung von Schizophrenie

Transaktionsanalytiker halten Schizophrenie im Prinzip mit psychologischen Methoden für heilbar (auch wenn es unterschiedliche Formen der Schizophrenie mit unterschiedlichen Heilungsaussichten gibt). Dieser Optimismus wird belegt durch die Therapieerfolge der Transaktionsanalytikerin Jaqui Schiff, ihrer Mitarbeiter und ihrer Schüler (allerdings auch durch Therapeuten anderer Therapieschulen). Sie arbeiten mit der *Methode des Neubeelterns bei Schizophrenen*.

Was geht schief, wenn jemand schizophren ist? In einfachen TA-Worten ausgedrückt:

1. Sein Eltern-Ich ist verrückt. Die frühe Beelterung war nicht geglückt. Es gab wenig Schutz und Fürsorge für das Kind, destruktive Botschaften wurden gegeben wie „Du bist nicht o.k.", „die Welt ist auch nicht o.k., sie ist ein gefährlicher Platz", „Ich bin wichtiger als Du". Geheimnisvolle und unverständliche Drohungen wurden ausgestoßen. Da ein Schutz für das Kind weitgehend fehlte, dachte der Klient sich bereits früh Fantasiegestalten aus, die Elternstatt einnehmen sollten, die aber oft ihrerseits Angst erzeugen.

2. Sein Kind-Ich hat sich an das verrückte Eltern-Ich angepaßt.

3. Sein Erwachsenen-Ich ist fehlinformiert und seine Hauptfunktion, die Auseinandersetzung mit der realen Welt, ist durch das „verrückte" Eltern-Ich und das sich daran anpassende Kind-Ich beeinträchtigt. Der Klient versagt daher oft in der Bewältigung der heutigen Lebensrealität und rutscht (regrediert) in seinem Verhalten, Erleben und Denken in eine Zeit zurück, als er klein war: eine Welt voller nicht erfüllter Bedürfnisse, voller Schmerzen und Ängste. Wenn ein schizophrener Mensch in dieser Weise in die Kinheit zurückgeht, hat er die Neigung, das alte Eltern-Ich loszuwerden, weil es eben so wehtut. Selbst wenn das gelingt,

bekommt er Probleme: Mit dem Eltern-Ich, so destruktiv es auch sein mag, hat er die Kenntnis aller Regeln über Bord geworfen, deren Befolgung notwendig ist, um in der Welt zurechtzukommen: Außerdem geht mit dem Eltern-Ich meist ein grosser Teil des Erwachsenen-Ichs über Bord. Er weiß dann z.B. buchstäblich nicht mehr, wie man mit dem Bus fährt, einkauft oder sein Geld verdient.

Die Regression in frühere Lebenszeiten ließe sich einerseits als Vermeidung der Probleme sehen, die der Betreffende bei der Bewältigung der heutigen Lebensrealität hat.

Andererseits können wir davon ausgehen, daß der Schizophrene damit intuitiv genau den richtigen Weg zu seiner Heilung zu gehen versucht, wenn man ihn nur ließe und die richtigen Rahmenbedingungen zur Verfügung stellen würde: indem er regrediert, möchte er die Kindheit wiederholen. Damit das Heilung bewirkt, braucht er genau genommen, neue Eltern. Die in unserem Gesundheitssystem übliche medikamentöse Behandlung und Einweisung in eine Anstalt bewirkt eine vorübergehende Stabilisierung. Wirkliche Heilung erfolgt dadurch m.E. jedoch nicht.

Jaqui Schiff hat dadurch Erfolge, daß sie

1. zu ihren schizophrenen Klienten eine Mutter-Kind-Beziehung aufnimmt d.h. auch, daß sie sie praktisch adoptiert und für längere Zeit mit in ihrer Familie leben läßt (oder in einer therapeutischen Gemein-

schaft, zusammen mit anderen zuständigen „Eltern").

2. zu einem Aufbau eines funktionstüchtigen Erwachsenen-Ichs beiträgt, indem sie jegliche Art von verzerrter Realitätswahrnehmung des Klienten konfrontiert, ebenso passives Verhalten, symbiotische Einladungen, Abwertungen usw.

3. die Regression des Klienten in die Kindheit ermöglicht, erlaubt, ermutigt. Sie ermutigt ihn weiterhin, das alte, „verrückte" Eltern-Ich aufzugeben und durch ein neues, von den neuen Eltern übernommenes zu ersetzen. Verrückte Anpassungen des Kind-Ich an das verrückte Eltern-Ich werden konfrontiert, natürliche kindliche Bedürfnisse und sowie Anpassungen an das neue Eltern-Ich werden ermutigt. Dabei erwies es sich als wichtig, daß dem Klienten erlaubt wird, dies mit allen Phasen seiner Kindheit zu tun, also alle Zeiten von der Geburt bis zum ca. 20. Lebensjahr noch einmal durchzugehen. Dies dauert zwar keine 20 Jahre mehr (sondern vielleicht 2), aber es wird damit auch deutlich, daß es sich um ein Verfahren handelt, das vom Therapeuten sehr großen persönlichen Einsatz verlangt: er muß für einen Erwachsenen, für den es nötig ist, sich z.B. wie ein Säugling zu verhalten und zu fühlen, Vater/Mutter sein, solange das eben dauert. Er muß z.B. für die Säuglingsphase bereit sein, ihm die Flasche zu geben, ihn zu halten, häufig nachts auf-

zustehen, usw. (eben alles, was richtige Eltern tun). Desgleichen in der Krabbelphase usw. bis zur Pubertät und darüber hinaus.

Zwei praktische Fragen: Wieviele Therapeuten sind zu solchem Aufwand bereit? Und: Wovon sollen die Therapeuten und Klienten leben, solange dieses Verfahren von den Krankenkassen nicht bezahlt wird?

In leichteren Fällen ist es jedoch möglich, die Vorgehensweise J. Schiffs in einen ambulanten Psychotherapierahmen zu übertragen: Klienten kommen, schließen einen Vertrag für die betreffende Stunde, gehen dann innerlich an einen bestimmten Punkt ihrer Kindheit zurück, erhalten für diesen Punkt neue Eltern-Botschaften, kommen (vereinbarungsgemäß) am Ende der Stunde aus der Kindheitsszene wieder heraus und widmen sich dann (mit neu aufgenommenen Eltern-Botschaften) der Bewältigung der Realität. Nächste Stunde: Regression in ein anderes Stück Kindheit, das bislang durch problematische Eltern-Botschaften und Kind-Anpassungen problematisch war, usw.

Die Methode der Neubeelterung ist in der TA sehr verbreitet und findet, wie geschildert, in abgemilderter Form als Beelterung auch bei der Therapie leichterer Problembereiche Verwendung.

Hier endet der inhaltliche Teil des Buches. Ich hoffe, es hat Ihnen Spaß gemacht und Ihnen einen ersten Eindruck vermittelt, was TA ist, was Transaktionsanalytiker tun, denken, und wie TA bei verschiedenen Problembereichen hilfreich sein kann. Einige theoretische Konzepte (z.B. Strukturanalyse 2. Ordnung) und praktische Anwendungen (z.B. Therapie der Persönlichkeitsstörungen, Sucht) konnten nicht aufgenommen werden. Über sie können Sie sich in TA-Literatur, in Einführungs- und Trainingskursen oder bei einem Therapeuten Ihrer Wahl informieren. Fragen, die Sie vielleicht in diesem Zusammenhang haben, beantworten die beiden Abschlußkapitel. Vielen Dank für Ihr Interesse.

– 6 –
TA-Therapie: bei wem, wie lange, wie teuer?

Wie finden Sie zu einer transaktionsanalytisch orientierten Beratung oder Psychotherapie?

Die Geschäftsstellen der deutschen und internationalen Organisationen für Transaktionsanalyse haben Adressenlisten von in TA ausgebildeten Beratern und Psychotherapeuten. Sie sind gerne bereit, Ihnen einen qualifizierten Transaktionsanalytiker in Ihrer Nähe zu nennen. Wenn Sie von einem Therapeuten in Ihrer Nähe hören, daß er TA betreibt, und sich für eine Therapie dort interessieren, lassen Sie sich den Ausbildungsgrad des Betreffenden nennen (leider gibt es Leute, die sagen, sie machen TA, ohne daß sie eine diesbezügliche Ausbildung auch nur begonnen hätten). Nur Menschen, die diese Ausbildung abgeschlossen haben, können sich Transaktionsanalytiker nennen.

Es lassen sich 2 Ausbildungsgrade unterscheiden:

1. Transaktionsanalytiker (unter Supervision)

Diese haben eine mehrjährige Ausbildung begonnen, ihre therapeutische Arbeit wird jedoch noch von einem erfahrenen Lehrtherapeuten überwacht. Sie haben noch keine Abschlußprüfung gemacht. Häufige Abkürzung: RM.

2. Transaktionsanalytiker

Diese haben die Prüfung gemacht und sind als Therapeut oder Berater ausgebildet. Häufige Abkürzung: CM.

Wie lange dauert und was kostet eine TA-Therapie?

Die Beratung oder Therapie ist dann beendet, wenn der Klient erreicht hat, was er wollte, mit anderen Worten, wenn seine Vertragsziele erreicht sind. Wie lange das dauert, kann nicht generell beantwortet werden. Es hängt ab von dem Ziel, das der Klient anstrebt. Es hängt weiter davon ab, ob Lebensskript- und Persönlichkeits-Veränderungen gewünscht werden oder notwendig sind, um ein gewünschtes Ziel zu erreichen (z.B. bei der Verminderung einer Migräne oder bei einer borderline-Problematik). Es hängt weiter ab von der Schwere des Problems (leichte oder schwere Depression z.B.) Wenn der Klient einfach ein Entscheidungsproblem durchspielen will, mögen 3–5 Sitzungen ausreichend sein. Bei gewünschten oder notwendigen tiefgreifenden Skript- und Persönlichkeitsveränderungen sowie bei schweren Symptomen rechne ich mit Therapiezeiten nicht unter zwei Jahren.

Ein Transaktionsanalytiker wird dem Klienten am Anfang der Therapie/Beratung Hinweise darüber geben, wie lange Zeit er mindestens einplanen sollte.

Die Häufigkeit der Sitzungen wird zwischen Therapeut und Klient frei vereinbart. Im Regelfall sehe ich meine Klienten einmal die Woche.

Die Kosten beruhen ebenfalls auf persönlicher Vereinbarung zwischen Therapeut und Klient. Sie können recht unterschiedlich sein. Man sollte sich auf Kosten von ca. DM 100,– pro Einzelsitzung (50 Minuten) und ca. DM 60,– pro Gruppensitzung (2–3 Stunden) einrichten.

Eine Kostenübernahme durch Krankenkasse ist gegenwärtig nicht im Regelfall gesichert. Dies muß beim jeweiligen Therapeuten erfragt werden.

– 7 –
Ausbildung in TA

Der TA-Grundlagenkurs „101"

In diesem meist 3-tägigen, vom Inhalt her standardisierten Seminar führt Sie ein lehrberechtigtes Mitglied in die Grundlagen der Transaktionsanalyse ein. Sie lernen die Konzepte der TA genauer und intensiver kennen, als es mit dem vorliegenden Buch möglich war. Übungen zur Vertiefung und Anwendung der Theorie werden gegeben. Die Teilnahme an diesem Kurs ist Voraussetzung für die Aufnahme einer Ausbildung in einem der TA-Bereiche. Wann, wo und wie ein solcher Kurs stattfindet, erfahren Sie von einem Lehrberechtigten in Ihrer Nähe.

Wie finden Sie zu einem Ausbilder in TA?

Hier gibt es

1. Lehrberechtigte Transaktionsanalytiker (unter Supervision). Häufige Abk.: PTM.

Das sind ausgebildete Transaktionsanalytiker und nach einer zusätzlichen Qualifikation berechtigt, andere Menschen in Transaktionsanalyse auszubilden. Ihre Tätigkeit als Ausbilder wird jedoch noch von einem langjährigen lehrenden Mitglied überwacht. Sie sind *als Ausbilder* noch nicht fertig ausgebildet und haben die Lehrendenabschlußprüfung noch nicht gemacht.

2. Lehrberechtigte Transaktionsanalytiker.
(Fertig ausgebildet, nach der Lehrendenprüfung Abk.: TM.

Die Adressen von Lehrberechtigten können Sie bei den Deutschen und Internationalen Organisationen für TA erfahren (siehe Anhang). Die Kosten sind abhängig vom Ausbildungsbereich (im Bereich Organisation meist teurer als im Bereich Psychotherapie) und vom Ausbilder. Fragen Sie den jeweiligen Ausbilder.

Adressen von TA-Verbänden im deutschsprachigen Raum

BRD:
Deutsche Gesellschaft für Transaktionsanalyse
(DGTA)
Samerbergweg 3, 8269 Burgkirchen

Schweiz:
ASAT
P.O. Box 916, 8044 Zürich

Österreich:
ÖGTA
Markus-Sittikus-Str. 9/1, 5020 Salzburg

Literaturempfehlungen:

Übungen, Selbsthilfe: James, M. und Jongeward, D.: Spontan leben, Rowohlt 1986

Vertiefung des theoretischen Verständnisses: Stewart, I. und Joines, Van: TA Today, deutsch bei Herder als „TA heute" ab Herbst 1990

Ursprünge der TA: Berne, Eric: Spiele der Erwachsenen, rororo 1988

Berne, Eric: Was sagen Sie, nachdem Sie „Guten Tag" gesagt haben? Fischer 1990

Dusay, J.M.: Egograms, Harper & Row, N.Y. 1977

Hart, E.W.: Symbiotic invitations, TA Journal, 6: 3, 1976, 253–254

James, J.: The game plan, TAJ 3, 4, 1973, 14–17

Karpman, S.: Fairy tales and script drama analysis, TA Bull. 7, 26, 1968, 39–43

McKenna, J.: Stroking profile, TAJ 4, 1974, S. 20 ff

Neuentscheidungsschule: McClure Goulding, M. und Goulding, R.: Neuentscheidung: ein Modell der Psychotherapie, Klett-Cotta, 1989

Neu-Beelterungsschule: Schiff, J. und Day, B.: Alle meine Kinder, Kaiser, München 1990

TA im Bereich Pädagogik: Babcock, D. und Keepers, T.: Miteinander wachsen: TA für Eltern und Erzieher, Kaiser 1980

TA im Bereich Organisation: Heinzel, F.: So geht's besser im Beruf. Transaktionsanalyse im Betrieb, Herder, 1983

Therapiebereich „Krebs" und TA: Simonton, C. u. a.: Wieder gesund werden, Rowohlt 1982
Gündel, Jürgen: „Nimm nichts wahr, sondern denke und arbeite", Kongreßbeitrag, „Lesebuch 1989", erhältlich bei der DGTA,
Gündel, Jürgen: Transaktionsanalytische Hilfen bei Krebs und „burnout", Broschüre und Kassetten, erhältl. beim Autor.

Weitere Ratgeber erfahrener Diplom-Psychologen

Trennung und Scheidung bewältigen lernen

Minderwertigkeitsgefühle überwinden und sich annehmen lernen

Positives Selbstmanagement durch Einstellungsänderung

Depressive Verstimmungen überwinden lernen

Unseren Gesamtprospekt schicken wir Ihnen gerne kostenlos zu.
PAL Verlagsgesellschaft
Am Oberen Luisenpark 33; 68165 Mannheim